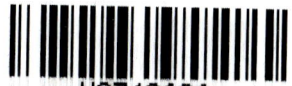

阿里巴巴管理文化体系

道

- 马云的管理思想总纲
  - 公司管理“要害”：战略、人才、文化
  - 何为“Leader”：理想、正能量、担当
  - 马云的“九板斧”管理思想

法

- 九阳真经：六脉神剑+眼光、胸怀、超越伯乐
- 心力、脑力、体力
- 阿里巴巴干部管理机制

术

- 九板斧：对马云“九板斧”管理思想的方案落地
  - 头部三板斧：定战略，造土壤，断事用人
  - 腰部三板斧：懂战略，搭班子，做导演
  - 腿部三板斧：Hire&Fire，TeamBuilding，GetResult
- 揪头发、照镜子、闻味道

器

- 三板斧实战工作坊：产品化的管理者修炼场域

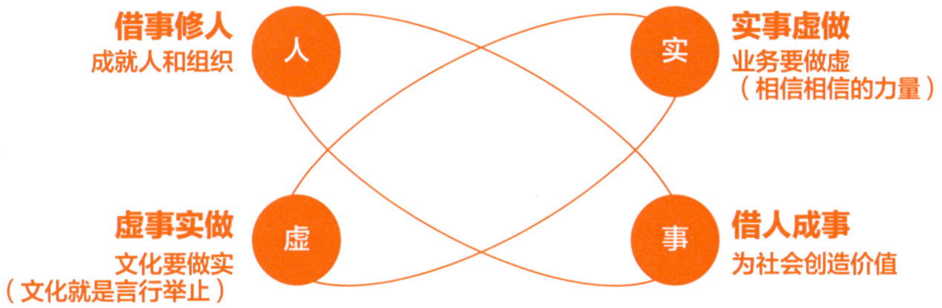

阿里巴巴人才发展理念

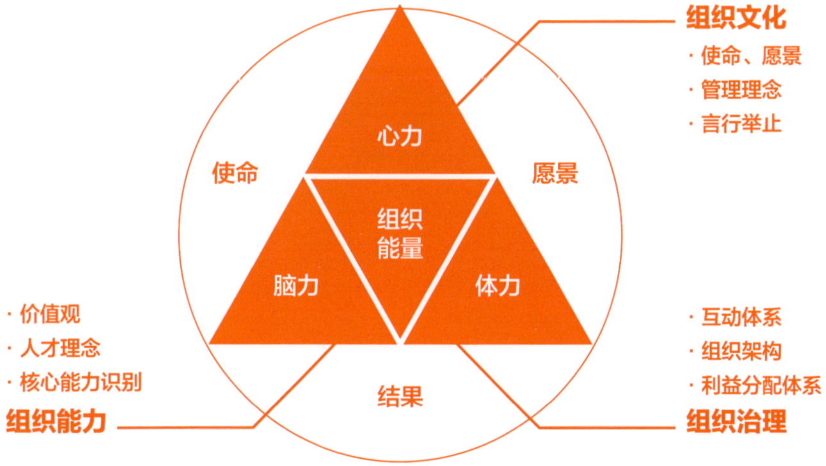

阿里巴巴组织的“心脑体”

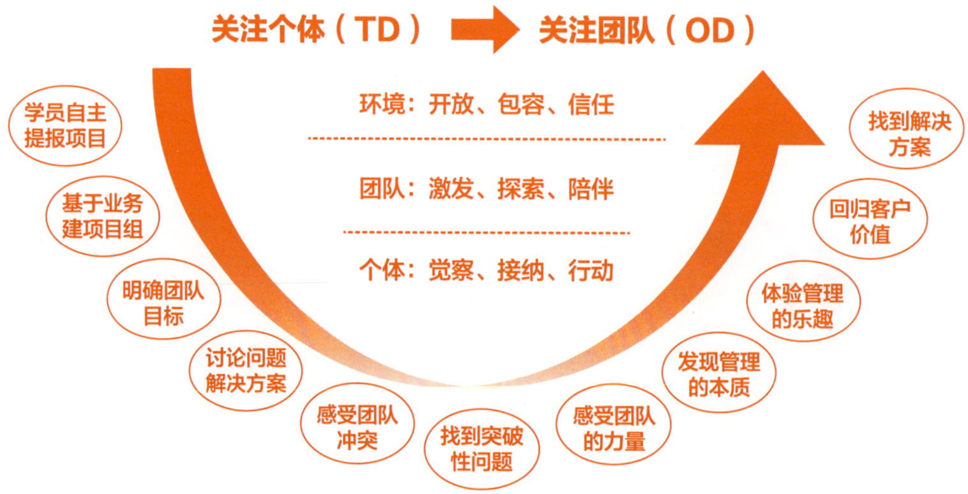
关注个体（TD）
关注团队（OD）
环境：开放、包容、信任
团队：激发、探索、陪伴
个体：觉察、接纳、行动
学员自主提报项目
基于业务建项目组
明确团队目标
讨论问题解决方案
感受团队冲突
找到突破性问题
感受团队的力量
发现管理的本质
体验管理的乐趣
回归客户价值
找到解决方案

三板斧的团体动力

生成战略
晒KPI
集体行动
三板斧
客户反馈
复盘
共同看见
共创会
“事”的核心
客户是谁
客户痛点是什么
怎么解
“人”的核心
心=组织文化
脑=组织能力
体=组织治理

阿里巴巴战略聚能环

阿里三板斧

重新定义干部培养

茅庐学堂 / 主编
张山领 张璞 姜力 / 编著

電子工業出版社
Publishing House of Electronics Industry
北京•BEIJING

内容简介

《阿里三板斧：重新定义干部培养》是企业头部、腰部、腿部干部的成长手册！本书内容源自马云管理思想总纲，历经阿里实践检验与百场中小企业实践验证。本书由原阿里企业文化与组织发展专家、原阿里巴巴集团湖畔学院管理三板斧项目经理、课程设计师张山领，阿里巴巴第二位HR、原阿里人力资源总监及阿里学院负责人张璞，茅庐学堂合伙人姜力三人合著完成。

三板斧实战工作坊是阿里巴巴干部培养的独门秘籍，它建立在组织动力理论和行动学习实践的基础之上，未来很可能会成为各行业管理者修炼的通用工具，希望本书能够帮助到各行业的企业家和管理者，以及有志于持续提升自身领导力的行业精英。

图书在版编目（CIP）数据

阿里三板斧：重新定义干部培养 / 茅庐学堂主编；张山领，张璞，姜力编著. —北京：电子工业出版社，2019.1

ISBN 978-7-121-35174-7

Ⅰ. ①阿… Ⅱ. ①茅… ②张… ③张… ④姜… Ⅲ.①电子商务－商业企业－领导人员－干部培养－经验－中国 Ⅳ. ①F724.6

中国版本图书馆CIP数据核字（2018）第230357号

策划编辑：张彦红
责任编辑：葛　娜
印　　刷：北京盛通印刷股份有限公司
装　　订：北京盛通印刷股份有限公司
出版发行：电子工业出版社
　　　　　北京市海淀区万寿路173信箱　　邮编：100036
开　　本：720×1000　1/16　印张：12.25　字数：181千字　彩插：1
版　　次：2019年1月第1版
印　　次：2025年2月第16次印刷
印　　数：51001~52000册　定价：68.00元

凡所购买电子工业出版社图书有缺损问题，请向购买书店调换。若书店售缺，请与本社发行部联系，联系及邮购电话：(010) 88254888，88258888。

质量投诉请发邮件至 zlts@phei.com.cn，盗版侵权举报请发邮件至 dbqq@phei.com.cn。

自序

用鲁迅的话来讲，“我正有写一点东西的必要了”。

2018 年 9 月 10 日的教师节，也是马云的生日，54 岁的马老师一封宣布退休的邮件，在中国企业家的圈子里引起了轩然大波，在邮件中，他表达了对阿里巴巴未来业务的信心，表达了对整个交接管理团队的信心。

很多企业家都非常羡慕马老师能够功成身退，希望自己哪怕不能退休，至少也可以喘口气休息休息，甚至连俄罗斯总统普京也表达了对马老师的钦佩。而更多的企业家则希望能够像马云一样，业务蒸蒸日上，团队人才辈出，事实上，有越来越多来自世界各地的顶级人才正源源不断地加入阿里巴巴。

马云是怎么做到的呢？到底是因为他天生就懂经营管理，还是因为阿里巴巴拥有干部培养的秘诀？相信很多企业家都想弄明白，只是他们无从知晓。管理者关心的这个问题，正是我写这本书的初衷，因为我知道阿里巴巴之所以取得今天的巨大成就，正是得益于其强大的干部培养机制，也正因为这套机制的支持，马云才可以顺利地“退休”，而不用担心他的离开会给阿里巴巴造成巨大的打击。

我在阿里“折腾”了十一年有余，回顾这十一年的经历，更多的是学习和成长。在阿里的十一年，付出了很多，收获了很多，其间经历过很多项目，换了很多岗位，也结识了很多良师益友。

有人说，在互联网行业干一年相当于在传统企业干三年，而在阿里干一年相当于在传统企业干五年，按照这样的算法，我早该退休了。在阿里的工作经历点燃了我更大的梦想，选择离开阿里，把在阿里所经历的、沉淀的经验总结出来，帮助那些像阿里一样追求梦想的企业。

我离开阿里后接触了很多企业，深感这些企业的领导者和管理者非常不容易，尤其是中、小企业的创始人和管理者更不容易。无论是在业务经营上，还是在团队管理上，都面临着非常大的挑战。生意本来就很难做，没想到管理更难。很多企业家对生意有着天生的商业天赋，但是对管理则常常因为重视业务而被忽略，这就需要大量的实践和后天的学习，才能提升整体的管理水平。

其实，马云并不是一个天生的经营管理者，阿里也经历过很多企业同样经历过的成长和教训，经过这么多年的摸索和实践，才找到了一个相对比较适合中国企业的发展路径，同时也沉淀了很多实用的管理经验。阿里的经验虽然不一定适合所有的行业、所有的管理者，但我们至少可以从中借鉴一些东西。

另外，就是看到网上有很多写阿里的文章，也有很多写阿里的书，大多是非阿里人的猜想，不准确、不真实、不系统。我担心一些企业一旦学习内化之后，很有可能不但没有帮助，反而适得其反，害了这些企业。比如，这本书的主体“三板斧”，现在大家对“三板斧”的认知有限，对市面上关于“三板斧”的不同版本、不同解读没有判断力，到底哪一个版本是最靠谱的呢？

市面上，有很多人称自己为三板斧的原创者或设计师（包括我自己），但事实上三板斧根本不是一个人的成就，而是一个团队集体智慧的结晶。当时参与三板斧项目开发的有十几位伙伴，大家都对三板斧这个项目提供了宝贵的意见和建议，这本身也代表了阿里的一种工作模式，团队合作和集体智慧。当然，“如何辨别靠谱的三板斧”这个问题仍然给很多想学习、了解“三板斧”的企业家、管理者带来不少的困扰。希望借助这本书，帮助大家解开一些困惑。

本书通过讲述整个阿里的业务和管理的发展脉络，还原阿里三板斧的前世今生。同时，系统化介绍阿里的干部培养的道、法、术、器，并且完全开放三板斧的实操方法，真正帮助读者，不仅知其然还要知其所以然，而且知道如何操作和实践。

在阿里那么多组织发展和团队成长的工具当中，三板斧是内部土生土长的一套方法论，浓缩了阿里企业文化和组织发展的精华。我相信，三板斧这样的团队成长和领导力培养方式，未来会成为整个管理培训或者说培训行业的一种通用模式。

另外，信息时代的管理会有非常大的变革，随着中国的崛起，会诞生一批优秀的中国企业，不仅汲取了西方的现代管理精华，而且吸收了中国传统文化精髓，中西结合，一定会诞生具有中国特色的企业管理和领导力的理论体系与方法指南，形成适应未来企业发展的“新管理”，以代替工业时代的企业管理思想和理论，引领全球的企业家学习，而阿里就是这样的一个实践代表。

这本书里面的很多内容大家很可能第一次看到，虽然我们尽可能去做验证和对焦，去确认每一个事件、每一个案例，但依然会存在不准确的地方，希望大家谅解。虽然希望本书尽可能完整和全面地描述阿里在干部培养方面的最佳实践，但也只能呈现其中一部分，就像马云所说的，一万个阿里人眼中有一万个阿里。希望本书对三板斧的相对完整和系统的解读阐述，能够给阿里以外的企业带来一些新的视角，加速团队成长，成就企业梦想。

张山领

茅庐学堂创始人、CEO

2018 年 11 月 5 日

目录

上篇　道、法、术：重新发现三板斧

三板斧是对管理者心力、脑力、体力的修炼和提升，在工作坊中点评嘉宾主要是“闻味道”“照镜子”和“揪头发”。有学员反馈说：上了那么多的管理课程，看了那么多的书，其实作为一个管理者最重要的是要看清自己，在三板斧中认识到自己是一个很烂的管理者，以前觉得团队的人离开或其他人的评价都是他们的问题，其实问题都在自己身上。

马云在一次内部的领导力学习活动中指出，作为Leader就是“要在大家看到问题的时候看到希望，要在大家充满希望的时候看到问题”，而且他还指出：“你向别人提出问题的时候，要带着可以解决问题的方法和心态去说，否则大家都说有问题，还要你干什么”。

M代表管理岗位，相对应专业岗位，用P表示。M和P的职级体系从2004年开始实行。当时之所以分成两条路径，是因为在实际的晋升过程中，一些技术大牛被提拔到管理岗后，发现其并不适合，带不了队伍，同时把自己的科研项目也丢掉了。针对这种情况，马云提醒大家说："不要多了一个烂主管，而少了一个好专家"。

阿里巴巴每年开一次战略研讨会，半年做一次战略Review，对已有的战略方向做评估和调整。在每次战略调整之后，紧跟着的就是业务板块和组织架构的调整，以快速响应战略的变化。阿里巴巴原来有一条价值观叫"拥抱变化"，既是指导思想，也是行动指南。互联网企业调整组织的速度和节奏是比较快的，但对于传统企业来讲，这是巨大的挑战。

下篇　器：三板斧实战工作坊实操指南

5　**三板斧产品的升级与迭代** 132

任何一个企业要想保持良好地运转，都有三个关键要素，其他机构也是如此，即需要从业务（事）、人才（人）、组织（系统）三个维度来分析和发展，最好能形成协同的发展。而三板斧就是基于这样的视角来展开工作的。

5.1　三板斧的产品化 134

5.2　三大功效和双向修炼 137

5.3　三板斧的适用人群 141

6　**三板斧实战工作坊实施框架** 147

在真实的公司环境中，真的会有很多“假的”管理者。他们虽然是主管角色，手下有七、八个人，但是这七、八个人却在指挥着他干活，他每天忙得要命，手下的人在等着他给东西，这当然完全搞反了。这种情况在三板斧现场也出现过，只是管理者变成了专家，手下的这些人事实上并没有真正被管理，所以说他是一个“假的”管理者。

6.1　常规角色设定 149

6.2　头部三板斧和腰部三板斧 152

6.3　腿部三板斧样本解析 163

6.4　三板斧实施注意事项 171

6.5　实战案例 173

后记 183

参考文献 186

上篇

道、法、术：重新发现三板斧

1

源自化解内部管理危机的“三板斧”[1]

1 本章中关于中国电子商务发展背景的介绍主要参考：《电子商务激荡十年》一文（刘佳. 电子商务激荡十年[J]. 互联网周刊，2010, 22: 24-31）。

1999年年初，美国《数字化生存》的作者尼古拉·尼葛洛庞帝（Nicholas Negroponte）来到中国做演讲，当时他预测“到2000年，电子商务市场是一个1万亿美元的市场，这个数目要比人们估计的多5倍”。现在再来理解尼葛洛庞蒂的话，可能意味着两层意思，第一层意思是全球电子商务浪潮正在兴起；第二层意思是这可能是一个泡沫。

当时，投身于电子商务领域的人都充满了激情，十分乐观，他们相信：一个具有真正商业价值的中国电子商务市场正在崛起。

阿里巴巴早期创业员工合照

这一年，王峻涛的“8848”正式上线，这是中国第一家在线销售软件、图书的B2C网站；哈佛毕业的邵亦波创办了易趣网，这是中国第一个C2C电子商务网站；沈南鹏、梁建章、季琦、范敏四个旅游迷创办了携程网，这是中国第一个OTA平台；在图书出版行业摸爬滚打了10年的李国庆和他的妻子俞渝，则创建了中国第一家网上书店——当当网。

相比之下，马云创办的B2B模式的阿里巴巴，可谓是大成格局，志在免费为用户提供几乎所有的电子化服务，并明确提出四大原则：第一，阿里巴巴不谈生意，只为商人提供商业机会；第二，阿里巴巴不拉生意，只为商人聚合公司；第三，阿里巴巴不做生意，只为商人搭建“样品房”；第四，阿里巴巴不只有生意，更是以商会友。初创期的阿里巴巴依靠这四大原则，把东方智慧与西方运作紧密结合，双剑合璧，剑锋指向全球市场。

1.1 融资奇迹和国际化野心

1999 年 7 月 12 日，中华网登陆纳斯达克，成为国内第一只网络概念股。从那一天起，上市融资开始成为众多网络公司的终极目标。与此同时，国内的电子商务网站大量出现，早期叱咤风云的瀛海威、东方网景、世纪互联、实华开等 30 余家 ISP，在探索互联网商业化的道路上纷纷倒闭，或者转型。

在很多人都为上市躁动的时候，马云很冷静：“大家都在做泡沫的时候，我们要做扎实的事情”。秉承四大原则，再加上这种务实的态度，阿里巴巴在创立半年后不长的一段时间里，就聚集了全球 38 000 家会员企业，每天网页的浏览量高达 125 000 次，这样卓越的成绩吸引了全球无数投资者的青睐。

对于如何选择投资者，马云的态度十分明确：“我们需要的不是风险投资，不是赌徒，而是策略投资者。他们应该对我们有长远的信心，20 年、30 年都不会卖的。两三年后就想套现获利的，那是投机者，我不敢拿这种钱”。马云等待的是最合适的那一个投资者。

但是，对于当时的阿里巴巴而言，四大原则不能让他们盈利，最初集资的钱所剩无几，连工资的支出都成问题，因此马云的等待意味着阿里巴巴会关门。幸运的是，瑞典 AB 风险投资集团派来了时任瑞典 AB 风险投资集团亚洲总裁的蔡崇信，蔡崇信本来是来谈判投资的，但是跟马云聊完之后，他想都没多想便决意加入阿里巴巴。

1999 年 6 月 19 日，马云和蔡崇信在杭州西湖游船上

蔡崇信的加入是阿里巴巴进入上升通道的重大转折点，他加入阿里之后不久，便运用自己的资源为阿里巴巴从高盛、汇亚、瑞典 AB 和美国 Fidelity 等机构拿到第一笔 500 万美元的风险投资。值得一提的是，阿里巴巴此时还没创造一分钱的收入，而品牌每天就能增值 100 万元人民币。

在第一笔 500 万美元刚刚到位的同期，马云认识了当时投资界的风云人物孙正义。两人第一次见面只聊了 6 分钟，孙正义就决定投资阿里巴巴。后来马云和蔡崇信一起去日本见孙正义，谈具体投资金额和条款，这次蔡崇信连续三次对孙正义“Say No”，最后定下来投资 3000 万美元。

但是，马云觉得钱多了不是好事情，他凭直觉算了一下，只要 2000 万美元就足够了，于是回国后他马上发邮件给孙正义提出这一要求，孙正义亲自回复邮件：“谢谢您给了我一个商业机会。我们一定会使阿里巴巴名扬世界，变成像雅虎一样的网站”。同时孙正义还破例担任阿里巴巴的顾问，之前他从来不担任所投公司的任何职务的。

阿里巴巴这两笔融资的经历，已经成为投资界的美谈，更是互联网圈的融资奇迹。

不去争论是事实还是故事，但这两笔融资帮助阿里度过了互联网寒冬是不可否认的，也让马云意识到企业和资本可以完美结合。

1999 年 11 月 15 日，中国与美国签署了《中美关于中国加入世界贸易组织的双边协议》，这一协议加速了中国加入世贸组织的进程，同时促进了中美的经济贸易合作。在互联网领域，美国可以在中国投资互联网公司，包括目前禁止的内容供应业务。这意味着中国加入世贸组织之后，外国投资者将逐步渗透到中国互联网的各个领域。

国家政策上的利好，带来了市场的繁荣。在中国电子商务领域，其时一派热火朝天。

在这个背景下，马云认为："中国加入 WTO 对整个国家、整个互联网行业来说那是非常利好的，对于阿里巴巴来说，局部是利空的，因为未来3~6 个月向我们挑战的人会越来越多，大家都融到了资"。同时他也认为中国电子商务市场还不够成熟，炒作的成分较大，相比之下，海外的电子商务市场比较成熟。于是，马云决定迅速拓展国际市场，抢占电子商务制高点。

阿里巴巴的国际化，首先是人才的国际化。"来阿里巴巴的，必须在海外如英国、美国等地受过 3~5 年教育，或者工作过 5~10 年"。于是，阿里巴巴在全球范围内招募各路英雄：哥伦比亚 MBA 出身、曾是麦肯锡顾问的 Sanjav Varma 加盟阿里巴巴担任策略及联盟副总裁；曾在美国波士顿银行做过分析师的吴昕加盟担任中国市场总监；2000 年 5 月，曾任雅虎搜索引擎首席设计师的吴炯加盟阿里巴巴出任 CTO。

在短短几个月内，阿里巴巴从最初的"十八罗汉"迅速扩张到"一百单八将"。湖畔花园的那套四居室显然容纳不下更多的新人。2000 年 3 月，阿里巴巴作别湖畔花园，搬进文三路 477 号华星科技大厦，开始了"华星磨剑"的新时期。

在招募进国际化人才的同时，阿里巴巴要落地的想法就是，在国际市场上把国际卖家和买家引导到阿里巴巴网站上来，把中国企业带出去，同时把海外的市场带到中国来。这个想法极其宏大，而真正要落地则极其困难。事实上马云后来调整了战略方向，从国外回到了国内。

1.2 第一次团队危机

2000 年，境外的风险投资疯狂涌入中国互联网产业，当时圈内盛行圈钱、烧钱。三大门户网站在纳斯达克的相继上市，进一步加剧了这种浮躁心态。然而，浮躁劲儿还没过，寒冬到来，三大门户网站就遭到了来自纳斯达克市场的打击：新浪的股价跌到 1.06 美元，搜狐跌至 60 美分，网易在上市的当天就跌破了发行价，一度只有 53 美分。

与此同时，思科市值从 5792 亿美元下跌到 1642 亿美元，雅虎从 937 亿美元下跌到 97 亿美元，亚马逊从 228 亿美元下降到 42 亿美元。统计显示，2000 年美国共有 210 家“.com”公司倒闭，包括中国在内的全世界的互联网公司一同见证了这一泡沫的退场，资本对互联网的浮华已经失去了耐心。2001 年，国内 75% 以上的第一代电子商务模式在这一背景下也退出了市场，纷纷倒闭关门。

而阿里巴巴的国际化战略，在千禧之年的互联网泡沫中并未幸免于难，公司也出现了资金链濒临断裂的危机。

在提出国际化战略之后，阿里巴巴为了占领全球市场，相继在中国香港、美国、英国、韩国都建立了办事处，同时中国台湾、日本、澳洲站都在积极筹备中。在短短一年之内，阿里巴巴就迅速扩张成一家跨国公司，狂飙突进，膨胀壮大。就像一个气球，在快速地膨胀变大，但随时有破裂的危险。

在互联网泡沫破裂之时，阿里巴巴的风投资金已经烧掉大半，而所有国际网站每个月的运营成本又大得惊人，到了 2000 年年底，阿里巴巴的账上只剩下 700 万美元了，按当时的开支计算，每个月还要烧掉将近 100 万美元。而且投资人原本答应的给更多的钱，也决定不给了，许多项目被迫停了下来。

最后情况演变成在阿里巴巴资金链即将断裂时所有的风投都不愿再掏一分钱。然而，这还不是最糟的，最糟的是当时阿里巴巴发展的方向和主打产品还没有明确定下来，而且收入为零，按照当时烧钱的速度来看，阿里巴巴最多还能撑半年。

阿里巴巴近似疯狂的国际化战略布局必须停下来。

想想看，从1999年9月创立到2000年年底成为跨国集团，阿里巴巴根本就是在资本催化下极速膨胀的，而在膨胀的过程中，虽然有理性的分析和决策，但结果却违背了市场发展的基本规律。参照当时中国的成功企业，比如海尔、联想等都是先在本土市场站稳脚跟获得成功之后，才开始国际化的，而美国的雅虎、eBay也是先占领美国市场，然后才向世界扩张的。国际化要有基础，要有金钱和实力做后盾，先本土后国际，符合企业发展的一般规律。显然当时的阿里巴巴还不具备走向世界的实力。

资金链濒临断裂的危机导致业务停滞，业务停滞连带出了内部管理的危机。彼时的多米诺骨牌效应，在马云心头蒙上了厚重的阴霾。

1998年，阿里巴巴部分创始人在长城上合照

其实，在1999年到2000年这段时间，阿里巴巴和今天的很多创业团队相比在管理上并没有太大的区别，甚至可能比现在的一些创业公司的管理还要差。马云也和现代大多数初创公司的创始人一样，老师出身的他在管理方法上并不会有多高明。

而且离开外经贸部，最早的那拨跟随马云创业的人大部分都是他的学生或朋友，或者是通过各种人脉关系而加入的。虽然有很多大咖在专业领域很强，但管理能力还不如能说会道的马云，至少你说不过他，说不过他就得干，但干了以后发现不靠谱。经过这样的折腾，在很长一段时间内，业务没有明显突破，团队的士气也像过山车一样，一般人很难经受住这样的折腾，再加上2000年的互联网危机，团队的稳定性遇到了巨大挑战。

于是，各种因素聚集在一起，就爆发了阿里巴巴的第一次团队危机。

以前十几个人的时候，大家都在一个房间里面，沟通非常简捷和有效——只要喊一声就行。随着人数的增加，2000年的时候核心团队变成了几十号人，公司也做了一些组织架构的变化和制度的设计，但遇到了意想不到的挑战。随着公司正规化建设的开始，划分部门、明确分工当然是自然而然的事，而有了部门就得有负责人，于是就要提干。

在阿里巴巴的18个创始人中，第一批提干的有三人：孙彤宇、张瑛和彭蕾，职务都是部门经理。而其余的创始人仍然还是普通员工。创始团队间大家地位和职务的突然变化，而马云的时间和精力都在业务和对外活动上，在团队的管理上并没有太多有意识、有针对性的干预。再加上公司大了、人员多了，大家见面少了，沟通也少了，令大家产生了不少误会和猜忌。当积累到一定程度后矛盾就出现了。在这种情况下，创始人之一楼文胜在收集了其他人的意见后，执笔给马云写了一封信。

收到信后，马云觉察到问题的严重性，他立即召集所有创始人一起开会解决问题。那天，大家围着圆桌坐下后，马云说：“今天大家不用回去了，既然你们有那么多怨言和委屈，现在当事人都在，都说出来，一个个骂过来，想哭就哭，所有的都摊在桌面上，不摊完别走”。

会议从晚上9点开到凌晨5点多，从创业的初心一直到团队现状，大家把想法、建议都一一抛了出来。即使到了现在，很多参加过那次会议的老阿里人，对这种开放、坦诚的氛围也仍然非常喜欢，这也是为什么阿里巴巴经过无数次折腾，依然保持很好的团队状态的原因，应该说2000年的那次会议算是最早的阿里裸心会了。

经过这次沟通，团队的凝聚力得到了加强，也让马云意识到团队管理的重要性，意识到自己在管理上的不足，需要有人来补位。马云作为团队的领袖、CEO是要制定方向和策略的，这就需要有一个管理经验丰富的COO来落地执行。

经过猎头推荐，在面试了很多人之后，有一个人特别合适，那就是关明生。

1.3 阿里巴巴的“遵义会议”

2000年10月，马云带着蔡崇信和吴炯来到北京长富宫面试。当天前来应聘COO职位的人并不少，但关明生和他们很快就一见如故，面试变成了业务交流。这次沟通，在GE有多年经验的关明生给马云上了生动的一课，大家一起探讨了阿里巴巴的业务、团队规划，决定在战略上进行大调整。

求贤若渴的马云跟关明生交流完之后，便立即邀请他加入阿里巴巴。关明生也很爽快，连条件都没有谈，便答应下来。

紧接着，2000年10月1日至3日，在阿里巴巴历史上具有转折意义的“遵义会议”在杭州西湖国宾馆召开。这次会议确定了以中国供应商作为阿里巴巴的主打产品，同时在会议上阿里巴巴决策层统一了思想，认为当务之急是开源节流，全面收缩。

马云在会议上做出三个“B2C”的战略决定：Back TO China（回到中国），全面收缩，从海外扩张回归到立足本土；Back TO Coast（回到沿海），抓住中国市场，服务于经济发达的沿海中小企业；Back TO Center（回到中心），贴近市场，回到杭州。

同时，也确定了相应的组织战略调整的三个方向：第一，开源节流，精减支出，缩编花钱团队，扩大创收队伍；第二，文化梳理，提炼使命、愿景、价值观；第三，管理升级，主抓领导力培养，建立制度和体系。

2001 年，对于阿里巴巴是至关重要的一年，也是阿里巴巴管理升级的一年，为阿里巴巴未来的升级和飞越奠定了坚实的基础，也对阿里巴巴的管理者提出了明确的要求和系统化的培养计划。现在看来，在 2000 年年底到 2001 年这段时间，马云他们做的事情就是现在阿里巴巴的“九板斧”中，头部三板斧做的事情，即定战略、造土壤和断事用人。

定战略

定战略包括制定业务战略和与之匹配的组织战略，这是阿里巴巴在管理上的一大亮点。马云在湖畔大学也分享过，业务战略制定以后，要马上根据人才现状和企业文化，制定出与之匹配的组织战略，否则业务战略就无法达成。领导者需要把业务、团队、文化、管理串联起来看，这些维度是彼此相关的，而不能割裂开来。

当时，马云作为公司的头部管理者，和董事会成员一起，制定了公司的业务方向和战略，通过三个“B2C”让业务回到正轨上来，明确了三个匹配的组织战略：开源节流、文化梳理和管理升级。

造土壤

造土壤就是构建企业文化体系，经过两年的折腾，整个团队的文化和士气都遇到了不小的挑战，大家会陷入一些矛盾和迷茫中，究竟该做什么，不该做什么？该相信什么，不该相信什么？这些都需要马云和核心团队进行澄清和明确。基于这样的考虑，马云他们便梳理提炼了阿里巴巴的使命、愿景和价值观，并设定了文化落地机制，推行下去。

想要造一个好的土壤，提炼只是起点，还要制定配套的贯彻机制，确保运行起来，落到行为当中，这就需要对一层一层的管理者提出要求，除反复宣讲之外，还要以身作则。

使命：让天下没有难做的生意。

这一使命，明确了公司存在的意义，谁是阿里巴巴的客户，阿里巴巴用什么产品和服务满足客户需求，创造客户价值。一直到今天，阿里巴巴对各层的管理者都特别强调，这是阿里巴巴的文化土壤，也是公司的立身之本。而且提出了明确的定位，以服务最需要电子商务的中小企业为主，而不是大企业，把自己和中小企业的电商发展紧密联系在一起。

愿景：只要是商人就要用阿里巴巴。

这是一个非常宏伟的愿景，如果所有的商人都在阿里巴巴上面做生意，无疑会给员工带来非常强大的工作动力和想象空间。阿里巴巴后来又加上两个指标：跻身全球10大网站和活80年。

价值观：创新、激情、开放、教学相长、群策群力、质量、专注、服务与尊重。

当时这九条价值观被称为“独孤九剑”，是马云、关明生、蔡崇信、吴炯、金建杭、彭蕾一起讨论出来的，最后由马云敲定。根据公司的管理理念，价值观分为创新维度和系统维度，这是大家做事的基本原则和信条，“我们相信只有坚持这样做事儿才能让阿里巴巴活下来，才能让阿里巴巴取得成功，谁违反价值观，就要被处罚，甚至开除”。

断事用人

断事用人就是要在新的战略调整下进行人事变动，这对马云来讲极具考验。马云是一个非常讲义气的领导者，在当时的情况下，要砍掉一些业务和团队很难下得了手。一开始的时候是由关明生来操刀的，而当涉及一些关键角色时，还是要马云亲自做出决策，这种时刻就是在考验领导者的决断力。

经过一系列艰难的举措，整个业务开始逐步清晰和明朗，团队稳定了，公司的运营成本得到了有效控制。经过这两年的磨合，马云和其他几位头部管理者得到了非常大的提升，也清楚了自己的职责和角色。培养下属，也就是对管理者的培养，开始着手推进。

关明生曾经讲过，管理就是管人、管事、管优先级，后来阿里巴巴也提出过管理者的基本功：定目标、追过程、拿结果。殊途同归，都是在强调管理者的职责与角色。对于中、基层的管理者，马云一直在强调几个要求，一方面，是为了提升公司管理水平而进行的一系列团队调整、文化梳理；另一方面，很重要的就是实打实地对在管理岗位的人进行有针对性的培养。

1.4 三板斧的诞生

在当时阿里巴巴的团队里，没有谁在管理理论上有太多的沉淀，虽然马云是老师出身，但是教的是英语，跟管理没关系；而关明生虽然有丰富的管理实践经验，但并不是专业讲师，所以他们就找了外面的一家机构合作，据说花了将近百万元的费用，针对当时阿里巴巴的现状，共同开发出针对管理者的一系列课程，命名为 AMDP（Alibaba Management Development Program），并培养了一批讲师。这一系列课程一共有 9 门课，9 天时间，分 3 次上，每次上 3 天，2001 年正式推出，一开始由外部讲师来讲课，内部预备讲师听课学习。

2001年9月30日，阿里巴巴AMDP班学员合照

教学相长，几乎所有的管理者都要讲课。马云和彭蕾因为是老师出身，虽然之前没教过管理，但一点就通，很快就能讲课了。关明生本来管理经验就丰富，所以经过学习，讲课也很好。但是对于其他管理者来说挑战就非常大，尤其是做技术和服务的。

大家一没有管理经验，二没有讲课经验，甚至没有讲课的意愿和勇气，但要求每个人都要讲，讲的过程是最好的学习。经过一轮的普及之后，大家在管理意识和管理理论上有了很大的提升，但是发现在管理实践上还是有些问题的，于是就有了后来的“推车计划”。

“推车计划”是一种形象的说法，过去手动挡的汽车发动不是钥匙一拧、一按就可以了，很多时候是一群人推着车子往前跑，在推的过程中车子点火发动。团队的情况有时也像需要被推一把才能发动的车子一样，关键是怎么推一把。

马云有一个习惯，就是喜欢到各个团队溜达，看看大家的工作状态，美其名曰“闻味道”。有一次他来到技术团队的办公区域，发现整个团队还是死气沉沉的，感受不到活力。后来了解到管理者已经上过课，也学习过“如何激励团队”，跟团队员工聊天，问管理者有没有肯定和赞赏过，大家都说没有。这说明管理者并没有从根本上认同并转化为行动，上课很欢乐，豁然开朗，下课后该干吗干吗，一切照旧。

针对这种情况，马云对HR团队提出了要求，必须让管理者在行动上有改变，这就有了“推车计划”。“推车计划”由HR、上级主管、管理者（被推者）推行，制定每周的管理动作，落实到位。

像技术团队，因为管理者就是技术骨干，看待下属不满的地方很多，值得欣赏的地方很少，所以要求主管每周都要表扬团队中的每一个人，每周都要做复盘检查，HR推动完成。经过1~3个月的强化后，效果非常明显，在各个团队中针对不同的情况推广开来，成为阿里巴巴在管理者培养中很重要的实战方法。

这背后体现了阿里巴巴的理念：通过改变行为，改变思维，包括阿里巴巴的价值观考核也是基于这样的理念实现文化的有效落地。

经过一年多的课程学习和课后推动，大家的管理意识和能力有了很大的提升，也发现了课程的优化空间。经过实践发现这9门课程，有些适合高层管理者学习，阿里巴巴自己做了课程的优化和迭代，后来成为ALDP（Alibaba Leadership Development Program）的课程；而有些课程适合初级管理者学习，尤其是刚入门的管理者，经过优化和迭代，成为AMSP（Alibaba Management Skill Program）的课程。就这样阿里巴巴三层管理者的培养体系就逐渐搭建起来。

与此同时，阿里巴巴做了一件非常重要的事情，就是在人才发展通道上的创新。

在绝大多数企业中，员工的发展是随着业务或技术能力的提升，就会转成管理岗位，而且大多数员工都会接受这样的安排，毕竟薪酬、地位都有了提高。但不是所有的优秀人才都会成为出色的管理者的，阿里巴巴也犯过这样的错误，把一个很好的技术人才变成了一个糟糕的主管。通常管理者觉得不适合这个职位，就会选择离开公司，或者被迫离开。

为了解决这个问题，并且能让优秀的管理者真的成长起来，阿里巴巴提出了双通道的发展体系：一条是沿着管理的路径发展；一条是沿着专业的路径发展。其薪酬和地位有一定的对等关系，比如现在阿里专家（P7）和经理（M2）是一个级别，相同的职能薪水差别也不会太大。

阿里巴巴三层管理者的培养体系一直延续到 2006 年，借助这套粗浅的管理培养体系，让阿里巴巴的管理水平有了明显的提升，支撑了阿里巴巴的业务和团队的快速发展。但另一方面是，对管理者的定位和体系框架也因此一直没有太大变化。当然，在管理者培养课程内容上，虽然会进行迭代，但除上级在岗辅导之外，主要还是讲课、练习、讨论、沙龙、分享等。核心的课程依然以讲授为主，而且课后的追踪也逐渐弱化了，包括“推车计划”在运行几年以后，没有继续推行。

直到 2007 年，对管理者的培养方式才有了比较大的变化。

阿里巴巴很好地抓住了电子商务的机遇，经过几年的发展，诞生了很多新业务和新团队，最早只有阿里巴巴 B2B，后来有了淘宝、支付宝、阿里软件等新业务，加上收购的雅虎中国，阿里巴巴已经围绕电子商务形成一套链路，当时被称为“达摩五指”。

再加上对整个资本市场和大环境的判断，阿里巴巴 B2B 分拆上市。2006 年年底，阿里巴巴在组织上有一个重大的调整和变化，就是成立了集团公司，原来的各个业务部门变成了独立运作的子公司，在业务发展和管理上都有了比较大的主动权。

在 2007 年到 2008 年间，在管理者培养上，阿里巴巴各个子公司百花齐放，一切以贴近业务和实用优先。对高层管理者的培养除了马老师、曾教授等高管的言传身教和研讨会之外，培训基本以外部的资源为主；对中层管理者的培养一半是请阿里巴巴的高层管理者分享和授课，一半是请外部专业的老师，而对基层管理者的培养 80% 以上都是以内部讲师为主。

在这种情况下，首先调整的是价值观，因为企业文化和领导力就像硬币的两面，文化的形成和发展离不开领导者的身体力行，而对领导力的培养也是公司文化的体现。2007 年，阿里巴巴集中对领导力做了系统的梳理和提炼。

2007 年，阿里巴巴干部培养——创业一期

2007 年，阿里巴巴成立了高层管理者“集团组织部”，统筹资深总监以上级别的高层管理者的选、育、用、留，湖畔学院作为运营机构，负责对高层管理者的管理和培养，既有能力的培养，也有文化建设和团队打造的培养。第二年在“六脉神剑”价值观的基础上，对高层管理者提出更高要求，加上了眼光、胸怀、超越伯乐，被称为阿里巴巴领导力“九阳真经”，并纳入到组织部层面管理者的考核和晋升当中。

而在高层管理者的培养方式上，主要采用“走出去”和“请进来”两种方式，再加上内部的研讨和分享交流等。

走出去，包括系统化的深造和走访来打开眼界两种形式，由公司支付费用，有计划地派送很多高层管理者到中欧国际工商学院、长江商学院等深造，不定期组织核心高层管理者团队到标杆企业走访交流。比如，2009 年参观走访蒙牛集团，启发了阿里巴巴打造电子商务生态链。

请进来，是邀请著名的学者、企业家、艺术家等顶级大咖，给高层管理者讲课，开阔思路，提升格局。比如请来湖畔大学的校董给高层管理者上课，还请来知名大学的校长、教授和经济、管理方面的专家，以及知名的电影导演和表演艺术家，这对高层管理者的视野开阔起到很大的作用。有一次连续三天，分别邀请了儒、释、道领域的三位学者给大家上课，并进行话题讨论。

此外，阿里巴巴会定期组织高管开会，沟通公司的战略方向，沟通对管理者的要求，探讨公司的关键业务、文化和组织发展等话题，还组织了很多次聚会和竞技活动，一般都是与每次的会议和学习相结合进行的。在高层管理者的培养和发展上，阿里巴巴投入的时间和资源是非常多的，带来的效果也非常显著。

比较有意思的是，曾经针对高层管理者开过两个班，一个叫“EQ 为零”的班，一个叫“简单粗暴”的班，当然跟“风清扬班”的名字相比土了不少，但简单、直接。这两个班主要是针对在人才盘点中发现的在管理上出现两种情况的管理者开设的，在学员的选择上也比较简单、粗暴，一种是自愿报名，一种是以被举报的方式报名，能自愿报名的应该都不需要上这个班了，需要的应该都是被举报的。课程内容主要是从心理学的角度做自我认知，在课程中大家比较欢乐。

而各个子公司的人才培养和领导力发展，由子公司来规划和实施，比如阿里巴巴沿用原来的一套管理培训体系，并进行迭代和优化，有了后来的赛金花项目，以及针对销售团队管理者的各级培训课程，如“省长班”“市长班”等。阿里巴巴 B2B 经过近 10 年的发展，组织开始有一些僵化，为了提升和培养创新能力，针对不同层级的管理者还开设了“创业班”，这在当时绝对是概念上的创新。

与此同时,淘宝结合业务和文化特点开发了一套自己的课程体系,以“侠客行”最为知名，这也跟淘宝的活力和创新有密切的关系。这是一套与外部培训机构一起合作开发的课程，课程对象是基层管理者，内容以主管的职责与角色、激励、辅导、招聘、绩效等管理的常见场景为主，形式依然以授课为主，包括对案例的讨论和情景演练，课后也布置作业和进行辅导。

2009 年，阿里巴巴 AMDP 精英班工作人员合影

2009 年，湖畔学院在管理者的培养上开始往下切，希望能站在集团层面系统化地对整个 3A 培养体系进行升级和迭代，虽然进行了几次尝试，但都没有突破。中间还开设过中层管理者精英班，就是从各个子公司抽选几十位高潜的管理者集中培养，但因为离业务太远，而且相对于几千个管理者来说，几十个精英显然杯水车薪，后面就没有再开展，各个子公司依然保持着相对独立的运作，在管理者的培养上也是如此，直到 2010 年“三板斧”的诞生。

在这个阶段，虽然对领导力的培养形式没有太多的创新，但阿里巴巴的管理思想开始形成体系，阿里巴巴很多独特的管理方法沉淀下来，这些都成为阿里巴巴管理“九板斧”的原型和底料。

1.5 第一场三板斧

2009 年，阿里巴巴开了一个很重要的战略会议，对使命和愿景做了调整，并在高层管理大会上进行了沟通和解读，提出新商业文明的概念。与此同时，阿里巴巴的各个业务板块和重心发生了变化，原来作为“奶牛”的 B2B，因为美国金融危机和外贸下滑陷入了增长瓶颈，而随着个人消费的旺盛，大淘宝实现了爆发式增长，团队规模也爆炸式增长。

更重要的是，淘宝的开放和无序模式带来了管理的不稳定性，各个子公司因为一段时间的发展形成了自己的一套文化和管理理念，集团内部差异很大。在看似繁荣发展的背后，整个集团的文化和管理藏着不少的隐患，这一切都没有逃过马云的眼睛。

2010 年 5 月，阿里巴巴和往年一样进行了系统的人才盘点。马云在阿里巴巴有三个必须参加的大会，就是战略会、预算会和人才盘点会，后来预算会他不怎么参加了，但战略会和人才盘点会是要亲自过问的。这样的安排，一是因为马云对财务的确不太懂；二是因为和蔡崇信已经形成了默契和完全的信任。

在这次人才盘点过程中发现了很多问题，尤其是中、基层管理者，也就是马云眼中的“腰部”和“腿部”管理者，问题比较突出。因为对于高层管理者的培养和发展是在集团统一管理下的，相对集中，而且有资源的投入，整体还好。但对于中、基层管理者，因为之前几年都是由各个子公司来负责培养的，无论是在推动项目的能力上还是资源上都有不少的问题。

对此，马云明确提出了对各层管理者的能力要求，对于每一个层面的管理，无论什么岗位，只要是管理者，就要掌握三项基本技能，扎好马步，尤其是基层管理者，不要给太多的知识和理论，关键是学会核心的几招把团队带好。

在人才盘点之后，马云针对“腿部”管理者提出三项基本技能。第一，Hire&Fire，会招人、会开人，把合适的人放在合适的位置，没有人业务肯定是做不成的，招一群坏蛋业务肯定也是做不好；第二，Team Building，要能带好团队，对于交给管理者的人才，每年看到的应该是成长而不是倒退，团队应该能打仗，有凝聚力；第三，Get Result，拿结果，考核一个管理者是否优秀，关键是看结果，公司不是“大锅饭”，必须要拿到业务结果。

虽然马云根据自己的判断对管理者提出了明确的要求，但整个开发过程并不是一帆风顺的，经历了不同的形式和探索，才找到了一个好方式。

“腰部”三板斧，也在 B2B 子公司同步开发和实施，在没有马云明确要求的情况下，开发出了三门经典的课程：“闻味道”“照镜子”和“揪头发”。也是以传统讲课的方式为主，在当时的“腰部”管理者培养项目“百乐门”进行了实践，因为讲师都是阿里巴巴元老级的高层管理者，他们结合自己的实战经验进行了分享，效果很好。另外，对这三个管理者修炼的方法总结得很有阿里味儿，清楚地点到了如何培养管理者的关键，但对“腰部”管理者的能力要求是什么，并没有进一步澄清。

“腿部”三板斧的第一板斧其实是课程，和 2000 年的课程形式类似，根据马云提出的能力要求寻找关键场景，列出大纲，找经验丰富的管理者讲课，分享自己的案例和经验。当时集团湖畔学院三个课程项目经理分别负责一门课程，在支付宝做试点，比如 Hire&Fire，邀请了经验丰富的高层管理者讲课，招聘演练，并配套安排了招聘话题的夜谈，但反馈一般；而 Team Building 的课程则是改了又改，不知道有多少个版本，最终都没有开课；Get Result 则是围绕目标的设定和分解进行了实战，效果不错。

在大家不断总结、探讨、访谈、提炼的过程中，一个基本问题浮出水面。早年间，因为阿里巴巴的管理者都是草根出身，都没有管理经验，也没有上过管理的课程，所以对于 3A 的课程大家都觉得很不错，至少打开了大家对管理方法的认知。但是到了 2010 年，阿里巴巴的管理者已经有了很大的进步，尤其是在 2005 年到 2009 年这段时间，阿里巴巴的品牌影响力在国内已经非常大，对人才尤其是管理人才已经具备足够的吸引力，很多跨国企业的职业经理人本身就有足够的管理认知和理论水平。比如，从对管理者的访谈中发现，有些管理者自己就是很多管理课程的认证讲师。也就是说，存在很多眼高手低的管理者，所以传统的培训方式不再起作用，甚至来听课的人也越来越少。

对管理者培养的方式需要变革，而阿里巴巴又提倡在岗学习，不提倡长期的行动学习项目，不像有些公司采用行动学习的方式，组建虚拟小组，让大家参与项目，借虚拟小组提升管理或业务能力。这在阿里巴巴的组织环境中很难行得通，阿里巴巴的工作量是 3 个人干 5 个人的活，根本没有时间参与虚拟项目。另外，在文化上也不提倡，好的管理者就是带领真实的团队拿到业务结果，在这个过程中团队得到锻炼和培养。

所以，在阿里巴巴十几年的发展过程中，管理者的晋升几乎从来没有跟培训和测评挂钩，更多的是看业绩和价值观。在人才盘点之后，就开始晋升答辩，由各层级的管理者和 HR 组成晋升委员会。比如对于高层管理者，马云会问几个问题：Hire 了谁？ Fire 了谁？ Remove 了谁？批评了谁？表扬了谁？如果能对答如流基本就过关了，如果被问倒了，就要打倒重来。

那么，如何化解传统培训的难题呢？敢于创新突破的阿里伙伴们，花了大量的时间进行探讨，寻找更合适的方式。后来终于有了突破，忘掉培训是一条很好的解决途径。

如果做模拟演练，阿里巴巴的管理者讲起来都头头是道，但员工还会觉得目标不清楚，这说明单纯的讲课不起作用。

于是，在 Get Result 的课程中，提炼了几个关键场景和能力。第一个是定目标，就是对目标的制定、分解和沟通；第二个是绩效评估与绩效沟通；第三个是对结果的奖赏和激励。

刚好到了支付宝下半年目标设定的时间，于是就把管理者组织起来，把每个人的目标都晒出来，看看设定得如何、怎么分解给团队、怎么讲想做的事情，上级管理者现场给反馈。经过一天一夜的目标会议，大家明确了下半年的目标，也学会了如何制定一个好的目标，大家收获特别大，发现真正的学习其实是在解决实际的业务问题和团队问题的过程中。

在这次内训的启发下，开始了更大胆的尝试，内训直接实际业务问题切入，把一年的业务场景压缩到 4 天的时间里，组建真实的攻坚小组，通过以战养兵的方式训练管理者，开创了管理者培养的一种全新形式。

第一场三板斧，无论是在前期的准备和探讨过程中，还是在实施过程中都是跌宕起伏的，三个课程项目经理达成共识就花了很长时间，再加上七八个项目成员有不同的意见，在这个过程中陆凯薇（时任集团人力资源部资深总监，花名苗翠花）起到了很大的作用。在课程开发的过程中对方案进行了大量的讨论，结合管理者的需求和实际关键场景进行了梳理和提炼。把三板斧整个串联成一个大场景，在此基础上对项目场景进行了丰富和优化，搭建了若干个关键的小场景，通过这些场景让管理者把平时的管理动作呈现出来，再由经验丰富且语言犀利的管理者组成点评专家，现场给予反馈，对于好的行为给予肯定和鼓励，树立榜样共同学习；对于不当甚至错误的行为给予提醒甚至警示，有则改之，无则加勉。

第一场三板斧可以说是大咖云集。当时，彭蕾作为阿里巴巴集团 CPO 和支付宝的 CEO 开场，并做结尾的项目验收，在过程中她给予了极大的投入和支持，她从中也看到了团队的真实水平和状态。常杨作为支付宝的 CPO 全程陪伴，王民明（时任集团人力资源部副总裁）作为引导主持人，王刚（时任人力资源部资深总监）作为分享和点评嘉宾，给大家分享了他多年的管理经验，他虽然借助的依然是管理的四个象限，但经过他的提炼和案例分享，让大家记忆深刻，而且实用性很强。其间虽然有很多细节问题，但新颖的形式、高强度的工作量、嘉宾犀利的点评和反馈，给学员的帮助非常大，收获非常多，尤其是在结束环节，王民明对每个学员都进行了点评和反馈，可谓醍醐灌顶。按照现在的标准来看，第一场三板斧最少也需要投入资金 100 万元左右，这还没有考虑彭蕾、王民明、王刚等人现在的身价。

三板斧是对学员心力、脑力、体力的修炼和提升，在这个过程中点评嘉宾主要是“闻味道”“照镜子”和“揪头发”。有学员反馈说：上了那么多的管理课程，看了那么多的书，其实作为一个管理者最重要的是要看清自己，在三板斧中认识到自己是一个很烂的管理者，以前觉得团队的人离开或其他人的评价都是他们的问题，其实问题都在自己身上。

很多在阿里巴巴上过三板斧课程的管理者都说，三板斧是其上过的管理培训课程中印象最深刻的，没有之一。所以，当这些管理者离开阿里巴巴以后，到了新的公司做高层管理者或创业，还是会用三板斧的方式培养管理者，典型的如滴滴的程维，就在公司以三板斧为原型开发了内训项目，进行管理者的培训和提升。

2

阿里巴巴干部培养的道、法、术

“三板斧”诞生在阿里巴巴既是偶然也是必然，而且必然性可能还多一点，原因就是当公司发展不符合市场规律的时候，必然会遭遇发展的瓶颈甚至危机。2000 年阿里巴巴遭遇的管理危机，根本上就是因为公司发展违背了市场生存法则,盲目地追求规模化,这就是“三板斧”诞生的一个历史条件。

其实，到了 2010 年阿里巴巴开始实施三板斧的时候，其管理文化机制已经运行了将近十年之久，放在这套机制当中，三板斧也只是落地环节上的一个点，当然也是非常有效的一个点。而这套管理文化机制恰恰是三板斧的生命之泉，是三板斧能产生非常好的效果的土壤。

阿里巴巴管理文化机制

这套管理文化机制可以分为道、法、术、器四体，道引导法，法引导术，术指导器。道的部分藏在马云的管理思想里，法的部分包含“九阳真经”和“心力、脑力、体力”，术是“九板斧”，器很重要的一部分就落实在了“三板斧”上。

2.1 道：马云的管理思想总纲[1]

战略、人才、文化

马云讲管理，有点玄，需要悟。

马云喜欢打太极拳，说太极拳是博弈，从中尝到了“竞争”的乐趣。“竞争要有太极拳的思想，虚实进退，以柔克刚”，这种竞争不是你死我活的对抗，这种竞争有中国文化的基因，而博大精深的中国文化则是中国式管理的支撑，但是事实上中国式的企业管理是没有文化根据、没有形成自己的体系的。

马云打太极拳

马云认为，欧美的管理体系有基督教文化支撑，日本的精细化管理体系小而精致，也是基于本土文化的，形成了自己的流派。但是中国的企业管理，一会儿学习美国，一会儿学习日本，却不在自己的文化里寻找支点，“没有博大精深的中国文化的支撑，中国的管理永远都是支离破碎的”。

1 本节内容主要参考：2014年6月马云在阿里巴巴内部管理工作会议上的讲话。本节引文（用双引号引用的文字）皆出自该讲话文稿。

“我觉得，领导力是道家的哲学，其中的无为思想很有趣，儒家思想是管理最高的、最有意思的东西，然后佛家是做人。三样合在一起，形成的中国式管理理念一定能够进入世界管理思想宝库。”在这段话中，马云点到为止地谈到了中国道家、儒家、佛家三宗文化里值得中国管理者精进有为的要素，但是没有讲透，留了大块儿的想象空间。

其实马云更多的是在描述一种境界，他很清楚自己需要主抓的要害是战略、人才和文化。这三个要害都有非常具体的内容。

战略，具体就是指大计算、云数据。

“未来世界是一个云计算、大数据的整个角逐，两三年以前我们进行过几次争论和讨论，是压在云上还是压在端上。端起来会很快，但是有各种各样的端，你不一定压得对。我们反思，觉得阿里巴巴还是应该在云上面继续加大我们的优势，然后云和端结合才是未来。”

对于云计算、大数据，马云认为正确的提法应该是大计算、云数据，这是一种云战略的打法。“把数据上云是今天的核心，大的计算能力也是今天的核心，也许三五年以后，才真正出现云计算和大数据，这是一个过程。”以阿里巴巴现在的技术能力，把大的计算能力建立起来和把数据上云，是当下要做好的事情。

人才，马云最关心“成长的新星”（Rising Star）。

每年阿里巴巴都会进行人才盘点，同时会把不同团队中最优秀的年轻人、最优秀的“成长的新星”找出来，给予表彰、激励或晋升。成长的新星代表什么？代表的是希望。“任何企业都不怕问题，但是都怕看不到希望，如果没有成长的新星诞生，或者我们自己组织部的很多人身上没有展现出令人惊奇的新的血液的东西，那才是可怕的。”

为了能够把成长的新星挖掘出来，阿里巴巴建立了一套严谨而有效的干部培养体系。关于干部培养体系，这部分内容会在本书第 3 章中专门讲述。

除体系和机制上的保证之外，团队的信任最关键。

马云发现不止一个人跟他说："我看你们公司副总裁一级的，没有一个好的"。这些话的意思是，别的公司的副总裁个人仪表都比阿里巴巴的好，专业度也比阿里巴巴的强，阿里巴巴的高管看起来确实都不咋样，但是"这帮人团结在一起好像比谁都厉害"。马云说，这其实就是阿里巴巴。

比如阿里巴巴合伙人，他们在使命、愿景、价值观上高度一致，彼此间"因为信任，所以简单"。"因为大家互相团结在一个使命下面，至少每个人都爱这个公司，每个人都努力地为这个公司付出，是这些东西使得我们的能力超越了别人。"

显然，成长的新星根本上是要符合阿里巴巴合伙人致力于传承的企业文化的要求。文化就是阿里巴巴的魂。

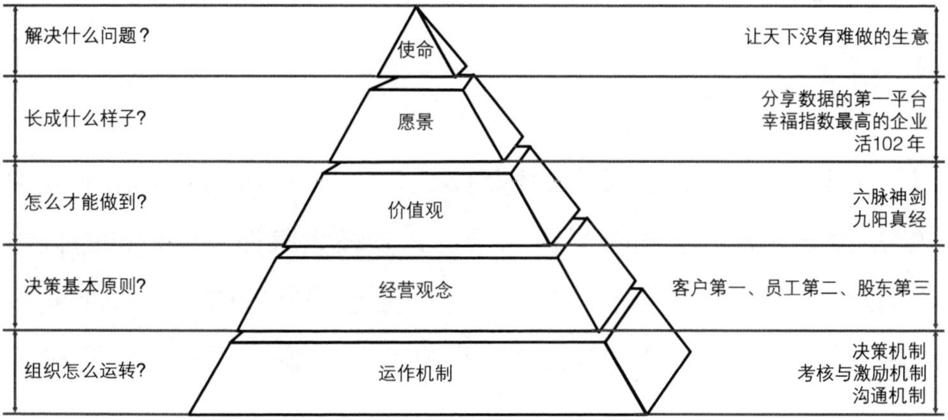

阿里巴巴的企业文化体系

阿里巴巴走到今天，马云越来越相信，"没有阿里巴巴合伙人的思考，共同坚信这个公司的文化，不可能有今天"。他承认，公司离开任何一个人都没有问题，但是没了文化就彻底完了，"那真是平凡人做平凡事了"。

马云说："我认识很多人中杰，如杰克·韦尔奇、巴菲特、比尔·盖茨、索罗斯、孙正义等，这样的人我见了不少，同时我没有觉得我们公司有这样的人，但是我们却莫名其妙做出了一个伟大的公司，靠的是什么？就是我们独特的文化，这个让我们与众不同"。

因此，马云抓文化，就是捍卫和传承凝聚数以万计阿里人的使命、愿景和价值观。

什么是 Leader

在马云的管理思想里，Leader 是这样一群人，"要在别人看到问题的时候看到希望，要在别人充满希望的时候看到问题"。他讲这句话是有背景的。

2014 年，微信快速发展，出现了大量的微商，冲击到天猫、淘宝的业务，中国香港媒体甚至说，"天猫、淘宝不把门关掉，是不怕难为情了"。同年，在阿里巴巴内部的"风清扬二期"课上，逍遥子很客气、礼节性地问大家对淘宝有什么建议，结果参加这一期课程的同学上来就一顿批评，也认为"再不改，马上天猫、淘宝就要关门了"。

马云在一次内部的领导力学习活动中指出，作为 Leader 就是"要在大家看到问题的时候看到希望，要在大家充满希望的时候看到问题"，而且他还指出："你向别人提出问题的时候，要带着可以解决问题的方法和心态去说，否则大家都说有问题，还要你干什么"。

马云提出批评并不是否认问题的存在，他并不否认，他是强调有问题就要解决，而且是在看到希望的情况下来解决。

这一认识其实源自马云对社会责任的强烈感受："我们今天的影响力超过了大家的想象，我们对社会的正能量超过了大家的想象，我们对社会的负能量，如果造成的话，也会超过大家的想象，我反正是睡不着觉的，如果我们出一点什么问题，本来是想给社会做贡献，结果却给社会带来了比较大的麻烦"，领导者不能单线思维，必须要有全局的思考。

那么，除既能看到问题又能看到希望之外，一个合格的阿里 Leader 还应该有怎样的品质呢？马云 2014 年提出领导者三个品质：理想、正能量和担当。

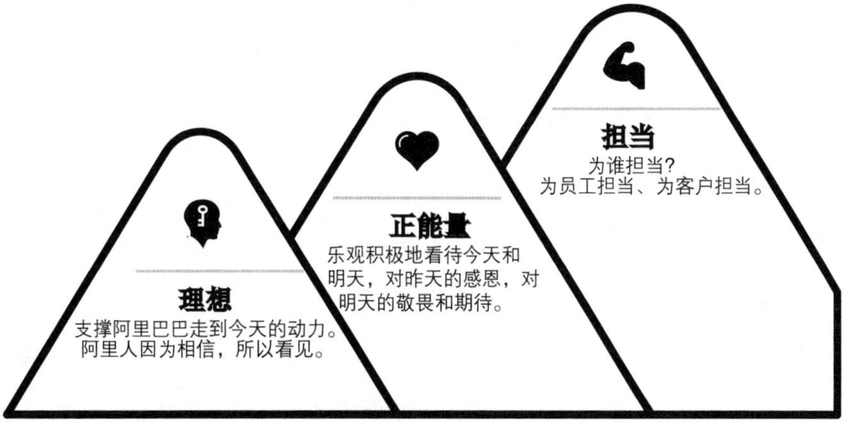

阿里巴巴领导者的三个品质

理想

"未来我们坚持什么？未来我们坚持的第一个品质是理想。"理想，是支撑阿里巴巴走到今天的动力。

"十五年以前谁会相信有电子商务？十年以前谁也不会想到淘宝会发展到今天？九年以前甚至五年以前，谁会想到小微金服会对中国金融产生这样的影响？而五年以前谁会想到淘宝对整个中国的零售、对老百姓的生活会影响到这个样子？"

马云说，最初他提出电商，只是感觉这个方向是对的，"那儿有水，但没想到居然跑到了长江边上，我们有很多运气的成分在，但是不管是运气、努力还是勤奋，有一样东西支持着我们，这个东西很重要，就是理想主义”。

1999 年 2 月 21 日，在湖畔花园，马云他们当时就提出要把阿里巴巴做成“世界十大网站之一”的宏伟目标，可是那时候的 Alibaba.com 在全世界排名恐怕十万名都轮不到。当时还提出阿里巴巴要活八十年，是马云拍脑袋想的，“人生就活八十年，活老了不好意思，活少了又不够本，八十年正好，刚好一个轮回”。

2002 年，提出了“让天下没有难做的生意”的使命，要知道那时候基本没人相信互联网。这一使命坚守了将近二十年，是因为理想而不是空想，它是和现实主义结合在一起的，用马云的话讲是“阴阳二化太极”。

那么，结合了现实主义的理想是怎样的呢？

“淘宝不是做零售，是获得数据；支付宝不是做金融，是建立信用，信用需要数据；菜鸟网络不是做快递，是做快递支持，用数据去支持。未来这个世界最珍贵的是数据。”结合了现实主义的理想是实现眼下的未来，这个过程是把虚的东西落实。

2006 年，马云表达过一个想法：“世界上看得到的东西都不可怕，能预测的东西都不可怕，最可怕的是看不到。虚的和实的，虚的比实的更可怕，虚的做实了才是最可怕的”。阿里巴巴这么多年来就是把虚的文化和价值观做实了，“这是最值钱的”。

现在，马云看到的未来是云计算和大数据，依托这个未来而形成理想，便是运用云计算、大数据为社会创造今天无法想象的价值，所以现在所做的一切其实都是在打基础。在打基础的同时，也要有危机意识，“今天我们这些互联网公司都在为后面的大数据、云计算打工，千万不要起了一个大早，赶了一个晚集”。

今天的阿里云计算，由于有天猫、淘宝、小微、菜鸟网络等数据支持，驱动阿里巴巴正在向 DT 时代进军。DT 时代和 IT 时代的区别本质上在于：

“IT 以我为主，DT 以服务别人为主，让别人成长为主，DT 真正是让别人更具能力”。

面向这个 DT 时代，阿里巴巴正在打造一个巨大的经济体，“在这个经济体里，一切以数据为驱动，一切以信用为基础，人们诚信经营，不断地创造出新的经济方式，能够帮助激活传统经济，能够让各样的虚拟世界变得非常美好”。

这里，马云不只是在描绘阿里巴巴的理想，而且是在描绘一个虚拟世界的社会理想。对于这个虚拟社会，他有一个挺有意思的说法：“所谓云计算和大数据，我认为就是把电脑变得更加具有情商，以前电脑的智商很高，没有情商，但有了数据以后电脑变得情商很高了”。阿里巴巴经济体最终可能是一个“用数据喂大的、情商和智商高度结合”的经济体。

阿里巴巴新的理想有了一个 DT 时代的图景，有了一个经济体主体，当然还有两个方向：健康和快乐。

在马云看来，未来中国面临的最大挑战就是健康问题。健康问题是由今天的麻烦造成的，今天的雾霾、今天的水、今天的食品安全，会导致未来中国出现各种各样的疾病。“未来中国医疗改革改得好、中国医药问题解决得好，跟阿里巴巴可能没什么关系，但是解决得不好，跟阿里巴巴一定有关系。因为我们拥有最好的技术，拥有无数消费者的生活数据，We can make the difference，这是我们的理想主义色彩，这是我们期待做的”。

快乐是阿里巴巴文化，快乐也是每个人的追求，从健康的角度看，思想健康可以说是快乐的一个标准。马云说：“我们真正担心两个健康问题，第一个是身体健康，第二个是思想健康。思想健康最佳的方法就是应该通过电影、电视、互联网演义娱乐化的教育，教育本来就应该娱乐化，真正做到寓教于乐”。

现在回头来看，阿里巴巴坚持“让天下没有难做的生意”这一理想，取得了巨大的商业成就，同时客观上证明了“做对”的核心是坚持理想。

现在阿里巴巴要坚持的新理想，除“面向DT时代的阿里巴巴经济体”这一描述之外，马云还有另一种说法叫“Live At Alibaba”。他说：“阿里巴巴十周年之前是Meet At Alibaba，阿里生态逐渐形成的过程是Work At Alibaba，而Live At Alibaba有两条路线，一条是身体健康，一条便是思想健康、思想快乐”。这是阿里巴巴未来致力于实现的事情。

正能量

一个合格的阿里Leader的第二个品质是正能量。什么是正能量？“乐观积极地看待今天和明天，对昨天感恩，对明天充满敬畏和期待”。正能量是这个时代最稀缺的资源。

马云说他自己是从负能量里练出正能量的。“我每天在网络里面看到骂人，有时候看到很多人在骂我们，特别是骂我的时候，我当然火气特大，于是我强迫自己每天打开来看看，最后我已经基本做到生气极少了。现在就不看了”。他这么训练自己对负面评价的抵抗力，并不高明，很多人都会这样做，但是对马云来说，他这样做不只是为了克服负能量，更重要的是找到正能量。

“我们今天倡导正能量，在这个公司里面一定要正能量。你们今天在这儿谁给我打个保票说自己是完美的、没有错、都是对的，没人敢，别说你的道德、思想，你的身体拿到显微镜下面全是病毒和细菌。我听说程序就是由Bug组成的，是不是？

“何为出淤泥而不染？淤泥就是垃圾，在上面长出来的荷花才是最漂亮的。在负能量上面长出来的花才是独具一格的，所有的花都是很美丽的，埋在下面的东西都是很肮脏、臭的，都是肥料。

“今天这个公司让我们与众不同，我们的正能量来自社会上很多的负能量，它们应该变成我们的营养，变成我们对未来十年的期待和想法，这个是机会、是挑战，但更多的是机会。”

把负能量变成营养，结出正能量的花朵，是一种姿态，但这种姿态不是说“我在道德上比你高一等”。马云说：“我们并不倡导自己成为道德中的模范，是因为阿里巴巴每个人都是平凡的人，也因为是平凡的人，所以才更需要正能量，否则我们怎么走到今天”。

什么样的情况就是正能量呢？

马云举了一个例子。以前都讲派头的时候，去吃饭找最好的饭店，点最好的菜，有两件事情最有意思，第一件事情是排位置，谁坐正中间，谁坐右首、副首，先讨论十五分钟；第二件事情就是付钱，走的时候抢着付钱。这两件事情是吃饭一定要走的流程。

“所以老外都看，有那么复杂吗？十多年以前在创业的时候，我们吃完饭以后，大家从口袋里面掏出钱来说除一除，每人十二块三毛，然后交掉，叫 AA 制。杭州很多餐厅一开始认为这个太土、太小气了，十三块钱，乘以十个人，一百三十块钱还要大家分，但那是正能量。从那个正能量开始，阿里巴巴与众不同，今天我们更是这样子，更应该坚持做我们认为对的事情。”

马云讲的这个例子，不用从农业社会和商业社会，也不用从人情社会和规则社会这些角度来过分解读。实际上，这个例子最后落足在 AA 制上，是提倡人们采取更有效率和更加平等的交际方式，采取 AA 制就是一种小的改进，就是一种正能量的体现。

再举一个例子，马云对 Leader 的定义是：在别人看到问题的时候看到希望，在别人看到希望的时候看到问题。这个非常能说明什么是正能量。

员工一起建设公司、一起完善公司，肯定会遇上大大小小、不计其数的问题，但是遇上问题不是抱怨、不是指责，而是要参与解决、参与建设，瞄着希望去，这就是正能量。反过来讲，如果员工盲目乐观，而忽视了实际的问题，这个时候就要冷静下来，找到并解决被忽视的问题，这也是正能量。

马云有一次跟周星驰对话，谈到什么是进步，星爷说：“进步就是前进一点点”。马云很认同星爷的说法，如果每个阿里人都能够进步一点点，那么整个阿里巴巴就会进步很多。这在儒家叫作“损益”，是渐进的完善，不是大刀阔斧的革命。

马云与周星驰对话现场

马云说：“这个公司已经不是到了 CEO 下一个决策、下一个文件就能改得了的，而是需要每一个员工进步一点点，公司才能取得巨大的进步。每一个员工影响之大超越了他们自己的想象。我（马云）改变一点点，会改变很多，你们改变一点点，直接影响了很多”。在能够影响很多，甚至能够影响全社会的情况下，正能量变得至关重要，即便是一个很小的习惯比如 AA 制，也会非常有价值。

担当

有理想，有正能量，一个合格的阿里 Leader 的第三个品质是：担当。为谁担当？为员工担当，为客户担当。

2013 年春节期间，马云曾经打算解散“组织部”。“组织部”是阿里巴巴干部管理机构，都是 M5 以上的管理者。解散的原因，一是当年的人才盘点没有新星；二是缺乏担当精神。

那年的人才盘点，马云收到不少来自员工的投诉和抱怨，很多投诉都是针对"组织部"成员的，觉得不公平、不公正。"你想想自己当年当员工的时候，你希望老板是什么样子的？你当然希望是公平、公正的，希望自己错的时候，老板能批评；对的时候，老板能认可、能表扬"。在一次组织部会议上，马云直接指出了问题所在。

在投诉的背后就是员工没有看到管理者、领导者为客户、为员工担当。

2006 年 5 月 10 日，阿里巴巴集体婚礼现场

道理是常识。阿里巴巴这么多员工，家里人怀着很大的期待，期待这个员工在阿里巴巴不仅有好的待遇，而且阿里巴巴能够带着他学先进、走正道。这就给管理者、领导者提出了非常具体的要求，而且从公司的角度看，"公司把几十个人交给你，是资源，更是责任，员工的成长、教育和家庭生活，他们的父母、爱人、孩子的快乐都在你身上，你就要花时间在他们身上，真正起到 Mentor 的作用，去帮助他们成长，真正把人放在事前。所以说，人事首先是把人作为第一要事，然后才是事情"。

具体来说，比如轮岗，阿里巴巴有很多人是职业轮岗手，轮来轮去，走了一圈，都没有好的记录，这种人是不够资格作为阿里人的，是要被Fire的。但是轮到某个管理者手下，“你不批评他，不表扬他，连警告也没有，晋升也没有，你Hire、Fire都不做，只是把他轮岗掉，那么公司把这个年轻人交给你，你把他的前途给毁了”。

马云讲的轮岗这个例子非常典型，本来轮岗是为了帮助员工成长，结果遇上不为员工担当的管理者，轮岗流于形式，不能帮助员工找到适合自己、发挥自己才能的位置，确实会害了这个员工。而反过来，这个管理者是不合格的，没有尽到责任，没有做到Mentor应该做的事情。那怎么就算做到了？

“新员工到你的部门的基本功课：第一杯茶给他泡一下，给他开一下门，对他说一声谢谢，完成一个项目后，给他的老婆（她的老公）发一个短信，祝贺一下，这些都应该做。项目成功了，我们要庆祝，项目失败了，也要开一个Party，庆祝关掉这个项目，检查我们所取得的成绩，这样你才真正在训练优秀的年轻人。”

这些好像都是小事，但是恰恰员工能够从中感受到管理者是否用心，这些小事做到位了，积累的是员工点点滴滴的信任。因此，担当不仅是一种责任，同时也是一种义务。

事实上，为员工担当也就是为客户担当。

比如，如何落地“客户第一”这个价值观？最直接、一线的就是客服人员在做和客户沟通的事情。阿里巴巴的客服人员都是小男孩、小女孩，每天接听很多客户的抱怨，全部都是负能量，那么为客服人员提供大屏幕的电脑显示器，给他们多发一点奖金，这是担当的一种体现。另外一种体现就是产品经理、工程师在产品开发、运维时减少Bug，这同样也是一种担当，不要让客服人员因为产品体验差的原因，“给搞得死去活来”。于是，为像客服人员这样的一线员工的担当到位了、支持到位了，他们才能快乐，才能进步一点点，客户也因此能享受到这一点点的改善。

归根到底，这些都是在把“客户第一”的价值观做实、做细。“我们说了那么多年，为客户做我们永远没有过分，谁伤害了客户，我们先伤害你”。这不是没有原则的要求，而是因为客户真正是在实处和细处来体验与评价这一价值观的。

放到整个中国社会中来看，理想、正能量和担当是今天最缺少的，因此它们非常重要，在阿里巴巴干部考核体系里，这三个点都是非常重要的指标。马云说："富了以后，很多人会失去理想、陷入迷茫中，但如果你具有担当精神和正能量，当社会上都是负能量的时候，很快就会诱发出积极的成果。"这是未来阿里巴巴管理者最应该做的事情。

马云的“九板斧”管理思想

在马云的管理思想中，最高境界是儒释道精神的融会贯通，主要的抓手是战略、人才和文化，将这三个方面落实到管理者头上，而对于管理者第一看重的是品质，即：理想、正能量和担当。要用好这样的管理者，就需要“九板斧”这样的载体。

马云的“九板斧”管理思想分为三个层面，即 Manager Level、Director Level 和 VP Level。这三个 Level 分别代表执行、结果和落实，而且每个层面都有三件核心的事情和能力要求，合起来就称为“九板斧”。

一个管理者、经理必须做的三件事是：Hire & Fire，Team Building 和 Get Result。“我们的阿里巴巴员工如何能够获取优秀的材料，优秀就是靠怎么 Hire 人，怎么 Fire 人，怎么 Team Building，怎么拿到结果得来的”。

Director Level 是总监一级的，总监要会搭班子，要懂战略，更要懂资源配置，要做导演，跨部门协同。但是，马云最怕公司到处讲战略，因为战略就不是其他人的事情，它是由 CEO 的本能加上所有数据支撑而形成的。

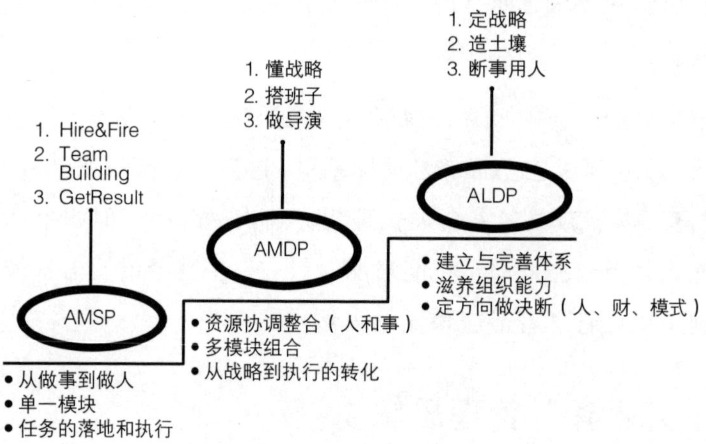

阿里巴巴管理九板斧

所以，Manager 也好，Director 也好，更多的是讲战术而不是战略，是“怎么把这件事情做出来，而不是我们应该往这儿、往那儿，因为每个人所处的位置、所掌握的数据和所看的局是不一样的”。

在 VP Level，关心的就是落实的问题。这里有一个从 Director 升为 VP 的档口，有三个核心问题：第一，会设定 KPI 吗？第二，用什么样的人，以及用人的思想原则是什么？第三，要建立什么样的组织来实现？

马云这样描述第一个核心问题：“战略被制定出来以后，由总裁和副总裁负责落实，就是落实到人，由谁去干，为什么是他。落实到组织，是什么样的组织结构来保障这些人干。落实到 KPI，KPI 非常难设定，设定 KPI 绝对不是分包，像包工头一样，那是猪一样的设计。对 KPI 的设定，意味着你是不是一个合格的副总裁，因为它是一门艺术，而绝对不是一门科学。为什么这样设定？设定的理由是什么？对于这个设定，既要拿到结果，又要体现文化，还要表达价值观，同时要拼命往前拱，那是相当有艺术的”。

而对于第二个核心问题：“用人要疑、疑人要用。阿里巴巴其实不是靠一套多了不起的规章制度运营的公司，我们就是用土话阿里味、阿里文化来管理和运营公司的，而制度不是来管人的，制度是促进和强化文化的，用文化把这个人变成我们需要的人”。

美国上将鲍威尔曾经跟马云讲怎么训练中尉，鲍威尔说：“You get up earlier than your soldiers, you sleep later than your soldiers, you make your soldiers eat earlier than you”。而当碰上一个有问题的中尉时，怎么训练他呢？鲍威尔说：“Train him、remove him、fire him”。非常直截了当。

马云对鲍威尔的这番话是这么解读的：“别人为什么让你当老板，就是因为你在做人和做事上能帮他、训练他；否则，他替你纯粹干事，要你这个老板干什么？我以前讲什么是老板，老首先是老师，板就是规矩，你规矩做了没有，老师做了没有，老师是不能打的，老师给他的永远是正能量，这样干可能更好一点；规矩是做出来的，是要骂的，这样才能够落实到每一个人”。

从儒释道精神到战略、人才、文化，再到Leader和九板斧，马云用这些范畴反复传达一个朴素的要求，就是要求阿里巴巴的各层级管理者都要扮演好Mentor的角色，要为员工的成长负责。而要做到这一点，必须了解更多的数据，知道更多的情况，如果对数据不清楚，对现实不了解，只是用理性的表达来传播感性的思考，那么“想的像猪一样，说出来很有条理，最怕的是感性的思考，理性的表达。

2.2 法：领导力“九阳真经”[1]

老子在《道德经》中宣扬做事情必须要遵循道、法、术，马云作为道家的实践者，深谙其中的奥秘。九板斧是管理者的术，而制度和原则是管理者的法，企业发展规律是管理者的道，其背后的载体是企业文化。

阿里巴巴管理思想内部称为“九阳真经”。很多企业在向阿里巴巴学习

1 本节内容主要参考：2010年12月彭蕾在支付宝内部关于“九阳真经”的主题分享。

管理时，只学到了皮毛，三板斧是基于对领导力和企业文化的解读，结合阿里巴巴的特定环境而形成的管理者修炼的方法论，三板斧的技能则是阿里巴巴的管理者在各层面带好团队、拿到结果的方法论。但如果不能找到自己企业的管理之道，而单纯地提升术，可能会不得要领，起不到应有的效果，甚至会适得其反。

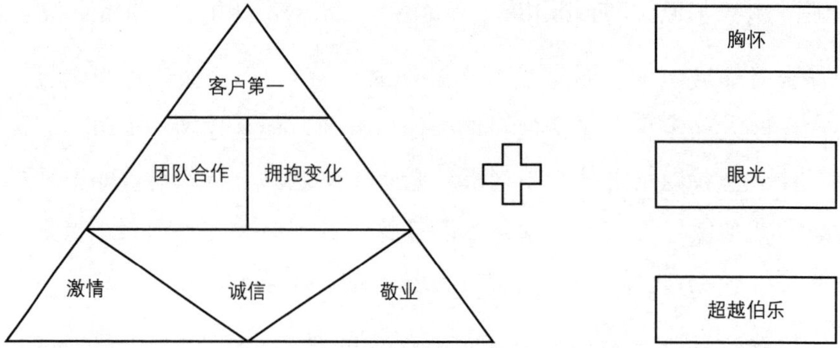

阿里巴巴领导力“九阳真经”

早在 2007 年，经过业务的快速发展甚至野蛮生长，阿里巴巴越来越多元化，在这种背景下，阿里巴巴建立了集团架构。为了不因为业务多元而导致管理者走形，能做到以身作则，传承、捍卫阿里文化，经过高层管理者的深入讨论和梳理，提炼出了阿里巴巴的领导力核心：“九阳真经”。

“九阳真经”的前世

要说“九阳真经”，必须说一下它的前世，就是“六脉神剑”，说到“六脉神剑”，又要说到“独孤九剑”。

2000 年年底，阿里巴巴已经创立一年多，遇上了发展瓶颈，为了配合战略方向的调整，马云及管理层决定梳理整个文化体系。当时，参与这件事情的有关明生、蔡崇信、马云、金建杭、吴炯和彭蕾，他们把自己关在办公室里，然后把创业过程中的点点滴滴都写在了黑板上，两个黑板都被写得满满的，删删减减留下九个理念，就是“独孤九剑”，包括“客户第一”“质量”“专注”“团队”“简易”“开放”“教学相长”“创新”“激情”。

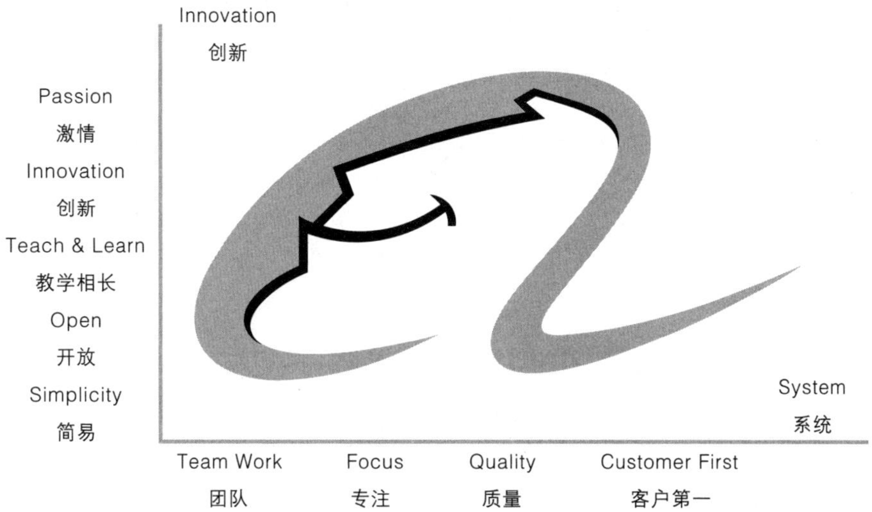

阿里巴巴早期价值观“独孤九剑”

两年以后，马云他们又进行了细化，把“独孤九剑”的每一个理念都简化成“傻瓜式”的行为导向描述，便于大家理解。当时，他们既重视理想主义，也重视现实主义，其中理想主义的部分就是价值观，而现实主义的部分就是业绩。于是，阿里巴巴就开始把业绩和价值观两者统一到了管理体系中。

当年推“独孤九剑”的时候，阿里巴巴才两三百人，HR 到每个部门做路演、去讲。彭蕾也去推，那时候她有一个理想，希望该价值观能够渗透到每个人的心里面去，贯穿于其每一天的言行举止，不需要每个季度都用考核的方法一条条过，还一个个打分，她也非常反对文化价值观上墙。

但是随着人数越来越多，如果真的不考核价值观的话，那就会变成一个很虚幻的理想和口号。所以每年为什么坚持做价值观考核，就是为了形成行为习惯，不然就会像一把沙子一样，在团队快速膨胀的时候不紧紧抓住这把沙子，它就会流失得更快。

2004 年，阿里的业务和组织有了很大的发展，加上实践下来九条价值观有点多，于是就进行了浓缩，变成了“六脉神剑”。当时“六脉神剑”的考核只针对员工和一线管理层，这样问题就来了，高层管理者怎么考核？

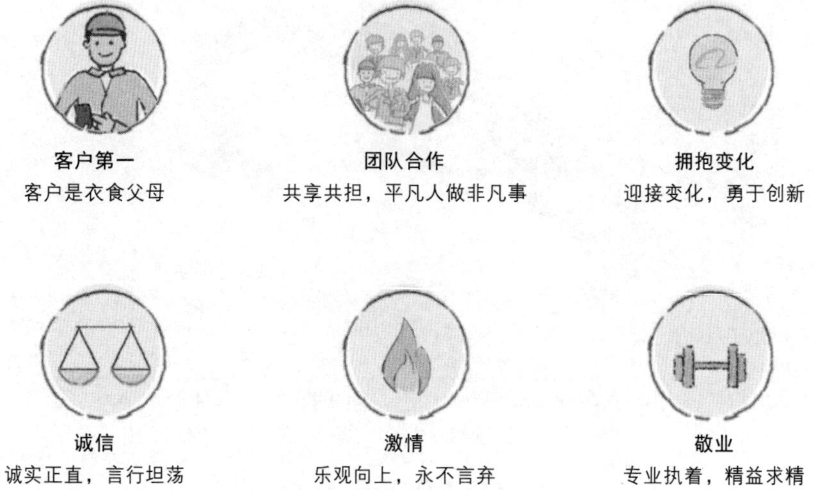

阿里巴巴价值观“六脉神剑”

结果大家一检讨，发现这件事情非常重要。但是如果考核管理者跟考核普通员工是一样的，一样用“六脉神剑”来考核，那要求太低了。“六脉神剑”的标准是：怎么做好自己，怎么做好“我的事情我负责”，而不需要引领团队。所以，2008年年底，马云他们就决定做一个“六脉神剑”的管理版，结果就是在“六脉神剑”的基础上加上三点：胸怀、眼光和超越伯乐。也就是说，在做到“六脉神剑”的基础上，再做到这三点，才符合管理者的价值观考核标准。

客户第一、员工第二、股东第三

客户第一，非常简单，就是要不断地追问自己：客户价值到底是什么？为客户服务了多少？这是必须要问的，它是用来指引方向的，而不是工具。

怎么判断一个人是不是这样做的呢？每年阿里巴巴都做360度调查，进行考核打分。反过来看，如果真把它作为一种考核工具的话，会把自己给锁死的，会很难受，所以就要用心体会背后的意义，但是又要不拘泥于字面的束缚，说得玄一点，就是一种感觉，这种感觉是在不断交流、沟通和磨合中逐渐形成的。

这不是一把尺子，它没有办法精确到毫米、分米，其实它就是大家不断形成的共识和默契。简单地说，就是做事情的时候是为用户考虑的还是为自己考虑的，和人发生冲突的时候，捍卫的是自己的观点还是客户的价值。

员工第二，没有好的员工，客户第一也是空中楼阁，下面没有支撑。股东第三，把前面两个做好，股东只是一个结果。

举一个微软的例子。微软这样大的一个帝国，现在在面对竞争对手、面对互联网快速发展的时候，还是被股东利益所绑架，他们追赶 Google 背后最重要的原因就是，每抢回一个百分点的市场份额，就能给股东创造几亿美元的价值。事实上，这是不是一种顺势而为的做法呢？显然不是，比如对于客户，忽略了客户需求，就是走歪路的时候，因此只有走进客户、了解客户，真正为客户解决问题，才是顺势而为。

还有一种说法挺有意思，说最大的客户是 CEO。其实，组织当中所有人面对的客户都有直接客户和间接客户。对于 BD 而言，他们的直接客户就是外部客户，同时要间接服务于公司内部部门；而很多做支持工作的内部员工，他们的直接客户肯定是公司内的业务团队，包括管理人员和员工，同时也要服务于外部客户，是间接在为客户创造价值。

有一次，阿里巴巴集团战略投资部在讨论他们的客户到底是谁。战略投资部做投资，有点像 VC，但不是以财务回报为目的的，他们做投资是为了看一些有价值的项目，这些项目有机会可以和阿里系业务整合。在这个过程当中，战略投资部就很纠结，到底客户是谁。是各个子公司吗？当然不是，他们服务的客户实际上是整个大阿里甚至整个市场上的客户。从这个例子可以想象得到，每个部门都可以找到最终的落脚点，这个落脚点一定是在外部客户上面，如果找不到可以跟外部客户连接的工作，那么就真的需要好好思考客户是谁了。

团队合作

团队合作，第一是心态，平凡人做非凡事，阿里人就是平凡人，没有显赫的职业，就这么捣腾出来了。平凡人更多的是指一种心态，如果太把自己当回事，会很累，把自己架在上面，怎么架上去，还得找一把梯子。

做事情的时候，该高举高打的就应该高举高打，该高举低打的就高举低打，跟做事情的手法完全没有关系，而是取决于事情本身需要用什么样的方式来做。其实，很多人摆架子是一种不太自信的表现，因为内心没有力量，所以特别希望有这样一个外在的包装，把自己给撑住。

“荣誉归团队，责任归自己”。这是一种胸怀、一种境界。其实，不少人不是这样的，做得好了就满大街嚷嚷，说自己多么英明神武，这个事全靠自己，这帮人都是自己带出来的；而做得不好，还当着外人的面直接指责下属，这实际上是在推卸责任。其实，极端地看，“没有不好的员工，只有不好的管理者”，因为所有的决定权都在管理者手上，做得不好一定是管理者自己不好，做得好一定是团队做得好。

第二是要建立以结果为导向的团队文化。阿里巴巴团队合作跟绩效管理相结合，就是“为过程鼓掌，为结果买单”。但是，如果只是简单地以结果、成败论英雄，那么一些创新业务很难成长起来。所以，在整个绩效管理体系和绩效考评当中，就要认真思考。当然，在大多数情况下，这一条还是适用的。

第三就是要了解同事、信任同事，营造简单、信任的快乐团队氛围。但是在“简单”的背后往往是不简单，因为很多时候人跟人之间的关系还是比较微妙的，比如在分配任务时、晋升时、考评时，甚至开会时，大家总是会猜，或者每个人心里自然会有一种反应，会把自己对号入座。一个敏锐的和称职的管理者，应该能够捕捉到团队里面情绪的变化，并且可以适时地以合适的方法加以引导。而这个引导看上去往往跟事情是没有关系的，而是“今天看到你有点不对，你当时有什么想法，可以聊一聊”。我觉得这样的沟通很简单，但是需要很及时。

了解同事、信任同事也会有误区，是不是领导者一定要和下属打成一片？是不是只有这样的领导，才能做到了解同事、信任同事？当然不是，因为每个人的性格都不一样，因此最重要的是能不能用自己的方法建立合适的渠道去了解团队，跟团队有一个完整的接触，这是团队合作的部分。

拥抱变化

拥抱变化是阿里巴巴的一个特色，是阿里巴巴最独特的文化。拥抱变化绝对是应该的，尤其是在一个充满不确定性、充满快速变化的环境当中，如果没有做好拥抱变化的准备，那么就会很痛苦，会感觉整天被赶来赶去，疲于奔命。

但是，拥抱变化绝对不应该成为一个管理者草率做决定的借口。比如很轻易地就决定做一件事，最后发现这件事情做不成了，就跟团队说要拥抱变化，然后让团队跟着折腾，累死累活的，这肯定不行。因此，在拥抱变化的背后一定要有高水平的决策能力作为支撑，同时需要有跟团队深度沟通的能力，要让团队不但知其然，还要知其所以然，一定要花心血投入精力跟团队交流，如果一个团队被长期折腾得很郁闷的话，那么这个团队一定没有战斗力。

拥抱变化，其实包含三个问题：怎么看待变化？怎么对待变化？怎么适应这个变化，化变化为机遇？

第一，变化是一切机会的来源，如果淘宝没有创新和变化，没有对当时进入中国市场的易趣模式进行改善的话，而只是简单照搬，是不会有今天的。时下人们常说的野蛮生长就是一个非常动态的过程，野蛮生长是创新最有可能出现的土壤，充满了无数变化中的机会。

面对变化可能还相对容易些，但是真正拥抱变化还是比较难的。因为它在挑战一种习惯，而当要改变习惯、改变惯性的时候，这个过程其实是很痛苦的。比如，很多人都知道喝可乐不健康，可是还有那么多人喜欢喝；大家都知道抽烟不健康，可是还有那么多人照旧抽烟。因此，拥抱变化首先还是要有一个很好的心态，要积极和乐观，才能面对和适应变化。

威廉·沃克·阿特金森在《吸引力法则——神奇的个人磁场效应》中描述了一种现象：当发现或制造一些正能量的时候，它会感染人；反之也一样，如果永远挑刺的话，就会发现为什么总有倒霉的事情围着你。按照这一原理，当不断给人正能量的时候，结果就会朝着所希望的方向发展。作为管理者，不可能让所有人都能理解所有的变化，因此一旦管理者做了决定，就要尽量营造氛围以保证这个变化朝着正向发展。

第二，要理解变化背后的原因，或者理解变化背后是有原因的。比如，“六脉神剑”要求在做决策前要充分发表意见，在做决策后无论是否有异议，都要坚决予以执行，否则内耗太大了。具体到实际中，就是有些事有七成的把握，有些事只有五成的把握，甚至更少，但是已经决定去做就要往前冲，在过程中不断调整、改善。要用这样一种方式和态度跟团队沟通。与此相关的就是要善于从错误中学习，持续改进。比如，今天跌了一跤，后来在同一个地方又跌倒了，这时候就要比较第一次和第二次跌倒有什么区别，从中吸取教训，增长经验。

第三，拥抱变化本身就是一个主动创新的过程。不适应变化和适应变化、拒绝变化和拥抱变化，这是两种截然相反的姿态，本质上是主动和被动的区别。而拥抱变化，要求主动去适应变化，接受变化，进而掌握主动权，做出一些创新和改变。

从执行上看，拥抱变化在阿里巴巴的历史上也是一个比较特殊的价值观，因为变化很有可能是错误的，而且当初做决定并不是做预测，但比起没有决定来说，错误的决定当然要好，因为可以因此知道什么事情不用去做了。但这一点理解只限于没有决定、没有推进的情况，而且显然不能滥用，错误的决定满天飞，脑袋乱拍，肯定不行。决策的依据和判断标准，就是以能否为客户创造价值来把握和调整决定的方向。

诚信

《大学》中说："所谓诚其意者，毋自欺也"。这个朴素的境界其实很高，讲的是慎独，在诚信的背后就是慎独。

一个人独处的时候是什么样的一种状态，会怎么样思考，会怎么样做事，能否做到不自欺欺人，这代表了诚信最真实的状态。每个人的心里面都有道德的一个取向标准，问题是这种道德感，或者说对自己道德水准的要求，能不能够做到，可不可以坚持，从这个意义上说，诚信就是坚守一种承诺。

诚信，最基本的一个要求是心胸坦荡、清正廉洁、直言有讳。为什么把心胸坦荡放在清正廉洁的前面？因为如果一个人的心胸不坦荡，那么他未必能够包容和接纳，尤其是当面对一些负面意见、建议和看法的时候，在心胸坦荡的基础上才有清正廉洁的要求。

清正廉洁不用多解释，这是诚信的底线。万一出现了不廉洁的人该怎么办？首先要知道谁应该对他负责，这个人要承担主要责任，原因：一是找错了人；二是制度不健全，有漏洞。

直言有讳，是从沟通的目的和效果来讲的，这个度比较难把握，实际情况往往是"直言不足，有讳有余"。直言有讳是要求讲真话，但是要注意方式方法。不是花时间想讲好听话，而是讲到点上，否则就没有办法聚焦到解决问题上，这样的直言有讳远不如直言不讳，情愿大家总在争吵，只要争吵的焦点是真正围绕客户价值和客户体验的。

除对自己有诚信要求之外，在跟人打交道的过程中，诚信要求信守承诺。对待客户，不仅要信守承诺，还要使命必达。对待同事要言行一致，如果只是要求大家坦荡，要求大家拥抱变化，而自己却是另外一种做法，最后没人会买账，这一点对管理者适用。做管理者实际上就是在做人，如果管理者连言行都要掩饰、要装，一定无法持久，还不如早点把最真实的状态展现出来，让团队早点了解，这是言行一致的前提。

这里有一种情况是一定存在的，就是上行下效。因此，作为管理者，一定要对自己的言行负责，尽可能做到言行一致。管理者在给团队提要求的时候，如果自己也做不到，那么干脆就不要讲，或者讲明白自己的标准，自己向往的样子是怎样的，这样也是诚信的表现。

另外，对上级诚信就是要求讲真话。实际上，在面对上级时很多人都不敢讲真话，原因是：“生杀大权都在他手里，如果他掌握情况这么全的话，那么下一年 KPI 是不是又要把我给压死，或者说他要是知道这件事情不靠谱的话，我今年的打分就完蛋了”。

这个就是体制的负面，人在一个体制环境里面待久了，真实的东西渐渐就泯灭了。这时候就要求管理者的洞察力一定要强,但是看透不一定要讲透，因为还是要把讲真话的空间留出来。

除对人有诚信要求之外，对组织也同样有诚信要求，组织诚信要靠健康的制度来支撑和保证。开放透明，有秩序、有系统，是建立健康的制度的第一步。因此，从组织层面上看，如果一个部门出现不诚信的行为，绝对不仅仅是员工的责任，一定是在制度和机制上面出了问题，这就需要以更高的要求来完善制度。

其实，有时候诚信考核起来是挺难的。比如心胸坦荡就很难考核，虽然有一些比较典型的行为是可以看到的，如“用冠冕堂皇的理由来掩饰自己的真实想法”，以及“不承认错误”等。但是在大部分情况下，很难界定什么样的是坦荡，什么样的就不是。另外，组织大了以后挑战也会变大，比如裙带关系就是对制度诚信的一个挑战，在这种情况下，管理者的自我省察能力就很重要，管理者要保持脑子足够清醒，脑子清醒才能做到正直，做到不贪。

还有一种情况是，对员工和股东怎么做到信守承诺？一般来说，在讲好事情的时候，也要把可能出现的最坏情况讲出来。比如在做下一年度的产品规划时，除要把所需要的资源、执行时间规划清楚之外，还要评估风险点是什么，以及什么样的因素可能会导致这个项目不成功，甚至夭折，这种意义上的诚信是策略型的，是谋定而后动的。

激情

阿里巴巴怎么看待激情？

第一个层面是追求理想、使命驱动、很傻很天真。阿里巴巴的理想主义是基于现实主义的，如果没有现实主义，没有脚踏实地的话，这个理想主义是经不起推敲的。但如果没有理想主义，而只有现实主义，那么阿里巴巴今天只是一家赚钱的公司，其使命是空洞的。

很傻很天真是一种很纯粹的状态。“如果你今天来了，已经在做这个工作了，已经在和这群人相处了，你还叽叽歪歪地说，这个没有，那个也没有，这个人怎么这么不靠谱，周围的人简直没法看，这件事情我根本做不到”，这就是一种不纯粹的状态，只会耗费团队的能量，而很傻很天真就是“接受自己身边所有的一切”的状态，没有纠结，没有疑惑，更没有痛苦，一门心思都沉浸在这个工作当中。

第二个层面是又猛又持久。在诱惑下坚持使命，在压力下又猛又持久。换个角度理解，哪些方面的诱惑是机会，应该怎么抓？有些机会要掂量一下和量力而行，原因是出于使命感。什么是又猛又持久？最初在阿里巴巴创业的时候，马云说了一句话，“阿里巴巴要做到既有乌龟的耐力，又有兔子的速度”。兔子代表一种速度，乌龟代表一种耐力，这个就是又猛又持久。

第三个层面是要把自己的激情转化为团队的激情，积极影响感召团队。这是对管理者的要求。如果管理者自己很 High，很有使命感，很愿意投入，但是回过头来一看，团队远远落在后面，原因就是管理者没有把自己的激情跟团队连接，让团队也一起兴奋，这就尴尬了。所以自 High 显然不够，激发团队热情才能发挥出超常的能力。

更本质一点看，激情是永不放弃。何为永不放弃？不失其所者久，死而不亡者寿，放而不弃者胜。大意是：该放弃的时候先放下一阵子，但是放下一阵子不是说就不要做这件事情了，该捡起来的时候还是要捡起来，要拿得起放得下，这是在得和失之间的平衡。

那么，激情来自哪里？激情来自使命感。比如，只是为了种自己的一亩三分地，只是想把自己的这点事做好（当然这也非常棒），而没有把做好这件事情跟具有更大意义的事情连接起来，那么你就很难成为 Leader，很难有能量去带领大家做一件更有意义的事情，这个能量就是使命感。

敬业

第一，敬业，不是指努力工作就行，而是指愿意和这件事情、和这家公司、和这群人好好相处一段相对比较长的时间。敬业是对周围人的一种尊重，是对团队的一种认可。所以，敬业首先就是热爱公司、热爱工作，如果不喜欢所做的事情，不喜欢周围这群人，那么是谈不上敬业的。

第二，今天最好的表现是明天最低的要求。移动互联网、电子商务、电子支付等各种力量百花齐放，到处都有这种创新，涌动着这种活力，如果不这样来要求自己，最终就会被用户抛弃，被市场抛弃。

第三，在团队当中营造学习氛围，好好学习、天天向上。所谓学习，并不是说有人讲，坐下来听就是一种学习。学习是无处不在的，和人讨论一件事情是在学习，看一部电影是在学习，读一本书也是在学习，如果刻意把学习局限在某种场景、某种形式下，那么学习就会变得非常狭隘、有局限性，自己也会损失掉很多更好成长的机会。

眼光、胸怀和超越伯乐

眼光：第一，对于Leader来说能够看到别人没有看到的机会，并且能防止灾难，它要求管理者有洞察力，可以很完整、很全面。第二，要会Sell，光自己看到不行，还要兜售给大家，让大家参与进来，让周围人也看到，不断跟大家形成团队共识。第三，要有结果，这个很重要。阿里巴巴有一个曾教授做战略分析和定位就够了，更重要的是怎么样去执行，把它变成现实、变成结果。

机会和灾难是用来考验洞察力的，“知为明、观为见”，能够洞察到没有发生或还没有看到的事情，具有敏感、敏锐的预知力。这怎么可以做到？扎得越深，才会看得越远，如果只是浮在上面的话，说看到未来不可能，只有真正渗透进去，对于真实、基础的东西有很深刻的洞察，才会有很好的洞察力。而且，大方向对了，就要不断地试错，特别是对于创新业务，好的战略都是苦熬出来的。

胸怀：胸怀有三层意思。

第一，领导者是寂寞的。为什么这样说？这跟职位高低没有关系，“高处不胜寒”，当被放在领导者这个位置上的时候，其看到的东西是周围人看不到的，所以在做一些决定的时候，很多时候很难得到大家的认同，甚至认可。各个层面的管理者有不同程度的寂寞。

比如说客户价值，其实它在帮领导者变得不那么寂寞了。因为如果把客户价值整个想明白了，怎么做也搞清楚了，那么领导者至少有勇气和力量把所看到的推销给团队，形成共识。虽然领导者寂寞这件事情无法回避，但是领导者还是要不断地和大家沟通、不断推进、不断成长，然后不断地完善客户价值的。

最后还是要能耐得住寂寞。有些人一个人的时候就觉得彷徨、无助，那就要学会怎么样跟自己相处，而且要学习怎么样娱乐自己，据说有自嘲心态的人就能很好地娱乐自己。当没有人理解的时候，你可以从音乐、大自然、书籍中寻找自己想要的，而且一定能找到。

第二，胸怀是被冤枉撑大的。没有经历过一点冤枉，没有经历过一点波折，就长不大，很难让人信任和依靠，因此也很难成事。胸怀首先是开放的，只有沟通的开放、坦诚，才能有上行下效。然后是包容的，包容其实是指能承载的东西有多少，上善若水，领导者的最高境界是能够像水一样，能高能下，在流动中是无形的。

反过来，如果都是一片同意、赞扬声，没有质疑、没有反对、没有冤枉，那就危险了，因为失去了被人认可的机会，更失去了自我定位的条件和实践检验的基础。所以，在这个意义上，胸怀不只是度量大、格局大，还是一种坚强的底气。

第三，心态开放，能倾听，善于换位思考。《金刚经》里面说：是诸众生，无复我相、人相、众生相、寿者相，无法相，亦无非法相。当太执着于相，太执着于你的、我的时候，就根本没有办法开放心态、换位思考了。其实当众生真的无相的时候，就可以认真倾听了。

超越伯乐：超越伯乐这一条非常实在：第一是找对人，知人善用，用人所长，这是在组建团队时如何匹配能力的问题；第二是在用人的过程当中养人，在养人的过程当中用人，这是用一种好的方法和系统机制来培养人；第三是养成人，找到接班人。

道理很简单，比如在阿里巴巴这样一个快速成长的组织中，如果下面的人不成长起来的话，上面的人是不可能被顶到更高位置的岗位上的。换句话说，如果团队不成长，自己不可能成长；反过来，如果自己不成长，团队是不可能被带动成长起来的，自己和团队的成长是相辅相成的。所以，培养接班人是为了更持续、持久地推进，同时也给自己的发展创造和拓展空间。

从另一个角度看，培养人也是在提示领导者，“善用人者为之下”。尽管他是下属，但是其身上也有值得学习的地方，因此领导者要有一种谦卑的心态，善于从任何事物中学习，包括团队和下属。顺着这一点，就要善于发现下属的优点，并用其所长，有意识地把他放到具有更大责任和压力的地方，这样会让他成长得更快。阿里巴巴的领导者一定是有老师的心态的，一定把培养人作为首要任务，有胸怀做超越自己的人。

有一点需要澄清。有人说阿里巴巴神神道道的，给人洗脑。脑子不是谁想给洗就可以洗的，除非自己愿意，况且阿里巴巴“九阳真经”里面讲的很多东西很普世，是正能量的基因。用这些正能量的基因来引导每一个人克服惰性，提升自我，保持积极向上的状态，这才是阿里巴巴建立核心价值观的用心所在。

2.3 法：心力、脑力、体力[1]

不管是马云的管理思想，还是“九阳真经”，抑或是阿里巴巴的战略、文化，把它们真正落地是要靠人做实的，显然这个“人”不是某一个人，或者某一个群体，而是一个组织，用马云的话讲“企业即人”。

这个“人”有什么特质呢？或者说，具有怎样特质的有机组织，才能够真正落地战略、管理和文化呢？阿里巴巴用“雌雄同体”和“心力、脑力、体力”来形容这个有机组织的特质。

关于心力、脑力和体力，马云说：“一个优秀的企业家，要同时具有超人的心力、脑力和体力”。因为绝大部分人是有脑力没心力，或者有心力没脑力，或者心力、脑力都有了，但是体力很差。

另一种情形是，“很多人有脑力，但是心太小，成不了大事；有的人心

1 本节内容主要参考：蚂蚁金服原董事长彭蕾在湖畔大学的相关课程内容。

很大，脑子不行，也成不了大事；有的人脑和心都很大，体力很差，也成不了大事”。而且，在马云看来，心力不是那么容易锻炼的，心力其实就是指“有多大的抗击打能力”，只有经历了很多酸甜苦辣、挫折失败才能散发出来，是一种智慧的生命状态。

心力、脑力和体力怎么搭配才能成大事呢？

“雌雄同体”

在阿里巴巴“雌雄同体”用来形容领导者的硬实力和软实力的一种结合。“雄”的部分，一般指抓业务，强调硬实力要拿结果；“雌”的部分，一般指抓文化，强调软实力要凝聚人。领导者怎么做才算“雌雄同体”？抓业务是所有领导者的本能，但抓文化只是个别领导者的本能。所以“雌雄同体”在很大程度上集中在“如何抓文化”上，在实际中表现为两种情形：第一种情形体现在领导者与HR分工搭配上，第二种情形体现在领导者对文化的重视度上。

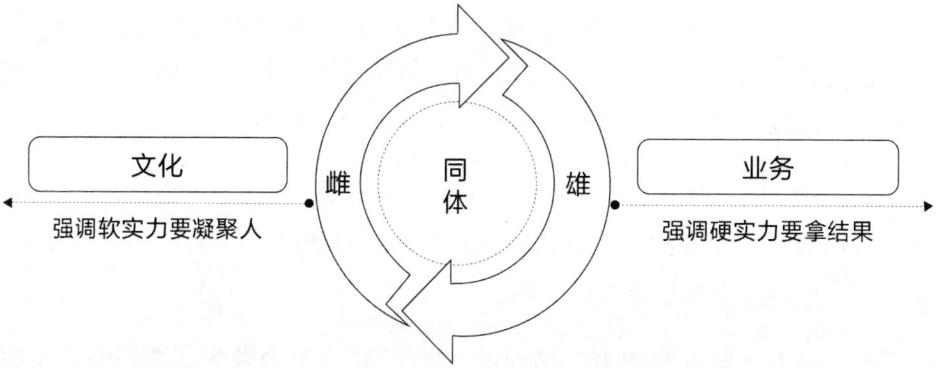

阿里巴巴管理者要求——“雌雄同体”

对于第一种情形，我们从CPO的视角来分析CEO与CPO的分工搭配。

CPO的工作特别耗心，尤其是在跟CEO沟通和磨合时最耗心。彭蕾曾经描述这种状态是“敌进我退，敌疲我扰”，有点相爱相杀的感觉。

有时候 CEO 自己并不清楚在什么时候应该做什么事情，这时候 CPO 就要用非常智慧的方式去提醒他，同时需要有胆量和勇气跟他同等对话。极端点说，如果 CEO 不理 CPO 的话，CPO 要敢于跟他说："你再不这么弄，我也不管了"。当然，前提是要足够了解 CEO。同等对话这一点很重要，是 CPO 的第一素质，直接关系到能否执行。

举个例子。彭蕾跟马云搭班子的时候，一次开年会，马云突然有一个想法，非要颁发一个 30 万元的大奖给当年的优秀团队，当然他还不知道是哪个团队，就是"一拍脑袋"的想法。

彭蕾当时是人力资源负责人，负责公司年会的事宜，30 万元在那个时候已经是超级大奖了，而且市面上还没有哪家公司这么做过，她觉得不合适，但是不好当场反对马云的热情提议，于是彭蕾就用"消极怠工"的方式想把这件事情糊弄过去。一星期后，马云第二次提这件事情，彭蕾说好，回去认真研究，但依然没有实际行动。

结果没过多久，马云第三次来找彭蕾，还是说这件事情，他说："我觉得你没有认真去思考这件事情"。这就躲不过去了，虽然彭蕾直觉上认为马云是一时热情，但这样做实际上能达到什么样的效果，她也不是很清楚，既然马云这么坚持肯定有他的道理，那么就先把这件事情执行落地，但是有一个问题要想清楚："他背后想做的是什么"。

彭蕾后来回忆起这件事情："坦率地讲，马云的很多天马行空的想法，最后有些可以消化，有些消化不了，还有一部分经过他三次、五次的坚持，虽然我不一定完全认同，但也还是会去执行的，而且会不折不扣地去执行。每次发生这种交锋的时候，我都会非常重视，因为这本身就是在磨合彼此对组织、文化和人的看法"。

在这种情况下，最好的做法肯定不是用消极怠工的方式去糊弄，也不应该回避，而是要围绕"他背后想做的是什么"这个问题，非常直接、坦诚地跟 CEO 沟通、交流，包括将心里的疑惑和纠结讲出来。

当然，这对双方都是一个挑战。对于 CEO 来说，心里想："你一个 CPO，整天这么跟我意见相左，到底行不行？"这时候考验的是 CEO 的胸怀。对于 CPO 而言，心里想："我今天是不是表现得人微言轻，肯定改变不了他的想法，他那么固执，干脆算了"。这时候考验的是 CPO 的胆量和勇气。如果总是"水过地皮湿"，事情永远不会有结果。

这里就有一个"雌雄同体"的要求。CPO 要把自己化成 CEO"雌"的部分，充分沟通和理解 CEO 对组织、文化和人才的想法，然后结合工作把这种理解转化成企业的一套组织能力。也就是说，从企业决策层"搭班子"的角度来看，"雌"的部分是对重大决策的理解，"雄"的部分就是把这种理解坚定不移地执行落地。

第二种情形，强调"所有的 CEO 必须要具备'雌雄同体'的能力"，重点在于领导者对文化的重视度上。下面仍然通过一个例子来说明。

关明生加入阿里巴巴的时候，阿里巴巴正从一个草台班子慢慢向正规军转变。那时候，马云、关明生、彭蕾经常聚在一起，花很多时间琢磨怎么把战略宏图转化成组织大图，于是"独孤九剑"就被梳理出来。

当时，阿里巴巴都快活不下去了，但是为了把价值观梳理出来，阿里巴巴开拓者花了很多钱，做了大量的培训，关起门来反复讨论"独孤九剑"的每一条，比如讨论客户第一是什么意思、直言有讳是什么意思。

那时候，有不少人不理解为什么要这么做，其实即使在现在，当一个企业面临关门倒闭的时候，一帮创业者不做业务，而且关着门研究价值观，也还是会让很多人觉得不可思议的。但是，只有这么做才能清晰地把业务战略落地到组织框架上，只有这么做战略才不是空谈，人也因此有了清晰的目标和方向。事实上，阿里巴巴取得巨大的商业成就，企业文化功不可没。

这个例子非常经典，马云投入了大量的时间，深入讨论、研究、梳理价值观，他是一个典型的“雌雄同体”的企业领袖。不这么做，业务战略和组织大图之间就是脱节的，甚至没有关系。换句话说，如果马云只是跟关明生、彭蕾简单地说了自己的想法，然后把梳理价值观、画组织大图的事情扔给他们来做，自己去跑业务了，那么在当时的情况下，阿里巴巴很可能和其他企业一样，关门大吉而不是走到今天。

阿里巴巴组织“心脑体”

组织如人，阿里巴巴组织“心脑体”框架图，外部是使命、愿景、结果，内部是心力、脑力和体力。这张框架图不是第一个版本，第一个版本是“使命＋愿景＋价值观＋心脑体＋组织能量”，马云看了之后，要求把“价值观”改成“结果”，强调落地，让理想在现实的大地上开花结果。

结果好理解，是看产出的。

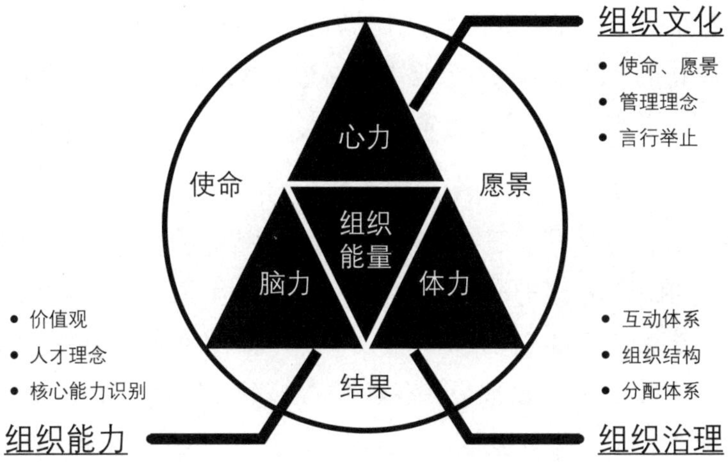

阿里巴巴组织“心脑体”

使命和愿景，是马云战略“上三路”的两路，使命是“加入组织、加入公司之后所有人都相信的东西”，“如果你真相信这是使命的话，天天在公司里面讲，在做重大决定的时候，先问一下是不是符合使命，这就形成一种训练，你的团队的力量、集聚能力、人才的靠拢能力就强”。

愿景就是公司要发展成什么样子。阿里巴巴最早的愿景是活 80 年，现在的愿景是活 102 年。为了活 102 年，“每一次做重大战略决策时都必须思考一个问题：做这件事情对 10 年以后有没有效果？如果对 10 年以后没有效果，这件事情就别做”。

使命和愿景连起来，就是在战略上裁员、调整组织的依据，一个是共同相信，一个是时间的可持续，这两点都是目标的核心。另外，使命和愿景的产生，需要决策层反复沟通，达成共识，然后宣贯执行。

马云以前讲过一个“5 块钱变 50 块钱”的故事。他说：“一个好的销售和一个差的销售，他们的区别是什么？一个差的销售是左眼人民币右眼美元，只想着把客户口袋里的 5 块钱变成自己口袋里的 5 块钱。而一个好的销售是千方百计把客户口袋里的 5 块钱，先变成 50 块钱，那么客户自然而然非常愿意把你想要的 5 块钱给你”。

这个故事告诉员工在做销售工作的时候，不要急着签单，而是先看看客户到底需要什么，然后站在客户需求的立场来帮助客户。这背后其实是一个利他和自利的关系，“如果你能先帮助别人创造价值，那么你的价值自然而然就来了”。

在阿里巴巴这样的故事有很多，实际上阿里员工就是在这些蕴含着使命、愿景、价值观的故事的滋养下从事着有价值、有意义的工作的。那么“故事”就成为连接员工和“高大上”的使命、愿景、价值观的有效的沟通方式，反过来能不能讲好故事，就成为各事业部“总裁”必须具备的一个关键能力。这背后的秘诀在于“你自己是否与客户有过互动”，只有来自与客户互动的真实感受，才能感染、激励自己的团队。

“总裁”要会讲故事，不少“总裁”很可能不以为然，但这是公司管理的重要课题。与大多数公司不一样，阿里巴巴的管理本质上不是“官本位”属性的，而是关系本位或影响力本位，因此沟通是最核心的，讲故事就非常平滑地把这件核心事情做到位了。

阿里巴巴的管理者很清楚公司的要求，“责任归自己，荣誉归团队”，这是一种担当的体现。比如著名的“中供铁军”，本质上靠的不是机制，而是背后的心智模式。这种心智模式并不复杂，就是一帮“兄弟”相互信任，而这种信任是从一件件小事中积淀形成的，就好比这帮人“眼里都容不下一粒沙子”，即使发生一件小事情，也拿出来和伙伴讲清楚、解决掉，在很小的细节上，传递清晰的信号，持续做下去，信任、共识就积淀起来了。这才是使命、愿景、价值观产生的真正基础。

现在我们来看这个体系中最关键的部分——人——心力、脑力、体力的有机体，这三个“力”是怎么变成一个战略循环的？循环很重要，在阿里巴巴这是一个集体行动——共同看见。另外，“心脑体”的配置必须跟业务匹配，利用数据和系统可以使这种匹配更加准确。其实，很多企业把组织都理解成了土壤，“土壤好了，什么团队都能长好，团队好了什么业务都能好”。把组织理解成有机体，也容易被人接受。但是从“心脑体”的维度来解读，阿里巴巴是国内第一家这么做的公司。

心力

在三个“力”当中，心力是互联网时代最宝贵的。心力，对应组织文化，文化就是言行举止。在业务环境中，最容易做到的是什么？是脑力和体力。在公司的草创时期最能说明这个问题。

有些公司创业一开始是体力打头阵，带着方向和目标感，一点点做起来，然后发现越到后面，体力越不支。而实际上，在创业期非常关键的是心力，背后是使命、愿景跟现实产生的一点微弱的结合，找到那个着力点慢慢去做，直到稳定。稳定意味着该怎么体系化运营，怎么把模式固定下来，但最麻烦的是，一旦模式固定下来之后，问题也就来了，这时候需要再回到这个循环中，比如阿里巴巴的战略是火箭级的增速，一级一级地往上长。

这里的描述还是比较抽象的，我们可以从三种“相信”中体会心力。

第一种相信，从初创者身上看得清楚。在初创者开始做事的第一天，肯定发自内心相信某一件事情，说小一点是要赚钱，说大一点是想成就一番事业。“这可能是一种一开始让你走得快，但不一定让你走得远的相信”。这种相信是自我肯定的开始，相信自己可以做更大的事情。

第二种相信，“我就好这口，我喜欢做出很好吃的东西，我觉得美食当中有很多创意，我看到那么多人在我的店里消费时，他们很开心，我就觉得很开心”，或者在游戏当中让人很享受，这种相信是出于对喜欢与兴趣的热情和投入的。

第三种相信，“我可以帮助别人活得更好”，这就是阿里巴巴当年的相信，“让天下没有难做的生意”，解决他人的生存问题、发展问题。比如蚂蚁金服，给小企业提供贷款，是为了助它们一臂之力。这种相信是基于利他的相信。

所以，相信和创造客户价值之后的坚信、信念有关。

有些时候，消耗心力的往往是一些很小的事情。比较文艺的说法是，“影响你走远路的，往往是鞋子里的一颗小石头”，那个时候咬咬牙就过去了，但硌得非常难受。比如今天的投资形势错综复杂，不同投资人有不同的诉求；企业从草创团队向正规军转变时的新老员工的融合，这些问题都是小事情，但是都可能变成影响前行的大事情。

就拿新老员工的融合来说，“老员工觉得你们现在不需要我了，觉得我跟不上了，新员工可能觉得你们怎么乱七八糟的，什么都没有，看不顺眼”。作为老大怎么去平衡这种状况？可能今天你做的是创新的事情，这件事情的界限在哪里？有没有对传统机构造成冲击？

再比如现在说的共享经济，一定会出现“调皮捣蛋”的时候，这时你会不会想“我今天招谁惹谁了，为什么要去面对这样的质疑”，或者从创造客户价值出发，做大一点以后，对传统行业有冲击，对于各方面的利益，当与投资人、消费者、内部的合作伙伴有纷争的时候，你的力量、动力来自哪里？

说得现实一点，这些就是业务模式背后的思考；说得深入一点，这是一种自我拷问，是一种价值判断和取舍。在这个层面上，心力更重要，它跟“这辈子想怎么活，想做一个什么样的人”是有关系的。每个人肯定都会有这样的思考，只有这样的思考，心力才会锻炼得更加强大。当有这个心力的时候，才可以去感染人、鼓舞人，才可以让大家为梦想而激动，才会愿意投入无穷无尽的心力，去创造、去改变、去引领。

有些时候，心力是一种气度、一种烈度。“老子就这么定了，就这么干了”，遇到这种很纠结的状况时，就要大气一些。有些时候，心力是一种温度，得让人觉得你做的事情是有温暖的、有价值的，有一种让人愉悦或兴奋的画面感。

脑力

现在，脑力变得越来越重要，为什么？原因如下：

第一，现在的外部环境确实很复杂。1999 年马云等人在创业时，相当于现在“80 后”创业的阶段。那个时候，马云等创业者比较幸运，尽管也很难，九死一生，但是今天的整个创业环境比起当年的情况，则更复杂、更多元，今天形成的很多独特条件，在当年是没有的。

第二，现在行业里资源很多，资金也很多，“但凡有一点想法的，都能折腾点东西出来”。不过也因为这一点，想要发现一个尚未被人所知的领域，进去之后如入无人之境（就是所谓的蓝海），几乎是不可能的。

第三，近二十年来，整个中国互联网的发展已经渗透到生活的方方面面，这对于整个社会形态的改变，甚至是意识形态的改变，起到了潜移默化的作用。当然，对于从业者自然提出了更高的要求。

外部环境的复杂度在加大，时代性条件在更新，如果不够聪明，包括团队，根本没有办法应付这么复杂的局面。那该怎么办呢？最重要的还是要回到最根本的地方，要经常问自己几个问题：我的客户价值是什么？我是谁？

我从哪来？我要到哪里去？这些也是哲学层面的问题。只有这样，脑力的源泉才不会枯竭。

而作为组织能力的脑力，有三个核心：一是价值观；二是人才理念；三是对核心能力的识别。

价值观就是做事的方法。价值观是最重要的，从阿里巴巴的经验来看，就是要考核，考核价值观是为了把握住原则，保证同舟共济的人是一条心。但是在价值观的背后，更多的是需要实现业务模式最关键的一些能力的定义，比如 Google 的价值观、阿里巴巴的价值观等，都是在定义如何实现目标。

对于人才，马云有自己的判断。

首先，不能迷信最好的人，最合适的人才是招聘的要点，最好的人实际是培养出来的。“天下没有一个人是完美无缺的，招进来的人也一定是有问题的，如果招进来的是一个完美无缺的人，那么他来干什么，你要他干什么”。同时，如果招聘者愿意招比自己能力强的人，则说明这个招聘者有大格局，值得给更多的机会。

对于小公司来讲，招到合适的人可以帮助公司快速壮大；而对于大公司来说，重点不是招聘人才，而是开除什么样的人。马云说，大公司最容易养“老白兔”，这种人不干活、人很好、“繁殖能力”超强，但这种人在大公司是必须要“杀掉”的。最后，任何公司、任何岗位都需要有接班人制度，一个岗位要有“替手”。阿里巴巴通过轮岗的方式，来提升在组织内部补充人力的能力。招聘是一种方式，轮岗替补是另一种方式。

对核心能力的识别，关键是要区分清楚资源和能力这两个概念。如果企业具有非常独特的价值资源，但是这一资源却没有有效发挥作用，那么就无法为企业创造出竞争优势。资源一开始可能会有竞争优势，但随着企业发展，所发挥的价值会越来越低。而真正的竞争力一定是企业主动花时间和精力构建起来的，因为需要投入时间、成本，对手想要构建也需要走同样的路，先投入就会有优势。最重要的竞争力包括技术、人才、管理系统，最难被超越的竞争力是企业文化，这些都是组织能力。

体力

体力是什么呢？体力就是执行力。即使脑力很强，心力也很强，但是最后手和脚跟不上，那也完全没有用。执行力不仅仅是听话，而是拿到结果。

有一种人很会想，也很会说，感染力也很强，但做事最后就差那么一口气。“如果一个人很有想法，很有感染力，很有信念，也很有追求，但做事最后没有结果，没有达成任何服务的指标要求，那也是根本没有用的。”

另外，体力对应的是组织的治理，通过一些机制来确保一些事情能持续发生。其包含三点：互动体系、组织结构和利益分配体系。为什么要有互动体系？因为组织是一个系统，就是各种要素在一定的规则、流程下的运转，最终实现组织的功能和目标，而人是最重要的组织要素，所以组织治理的核心是通过价值创造、价值评估、价值分配，让人的效能得到最大发挥。

总之，应该围绕心力、脑力、体力这三个方面来构建整个组织的能力。在每一种能力的背后都会对应着不同的一套管理体系和执行架构。小到按照什么样的标准招人，按照什么样的方式考核人，按照什么样的方式组织团队，在遇到困难和挑战时，团队第一时间会有什么样的反应，这些都跟三个“力”息息相关。它们其实是一套组合拳，只有“心脑体”组合起来才能发挥作用。企业发展越往后，组织的挑战越大，越需要有心力的驱动，通过心力驱动，加上脑力的优化，体力的规范和落实，最终实现企业发展目标。。

在阿里巴巴工作，收获会超出想象，这是大多数阿里员工的感受。阿里巴巴的组织理念是“一群有情有义的人，一起做有意义、有价值的事”。阿里巴巴的薪酬理念是“让有情有义有结果的人有回报”。这不是空话，是会兑现落地的。

阿里巴巴有一个特点，就是不会事前讲清楚，基本上都是事后给原因。因为如果将利益计算到精细的程度，那么这件事就很难做成。在这样的情况下，“心脑体”绝对不能割裂。

以价值观为例，价值观是一个很重要、很典型的体系，它跟文化相关。比如客户第一，这是阿里巴巴的价值观，通过对行为的描述，在能力上做了定义，从第一条“随时随地维护客户形象”，到最后的最高境界“如何满足客户和公司的共同利益，达成双赢”。既要帮助客户创造价值，又要保证公司的价值，这是很难的，也是跟能力相关的。最关键的一点是要把它放在考核体系里，放到机制里，确保落地。

结果必须落地

谈到落地，这就是一个循环的开始，而且要循环到“战略是什么”这个问题上来。在阿里巴巴，战略就是客户价值。比如杭州的“外婆家”餐厅，饭菜怎么做让大家觉得好吃，排队的时候如何让大家觉得不那么辛苦，这些其实都是客户价值。

对于客户价值，彭蕾有一个公式：客户价值 = 利益 × 体验。这是她自己在做支付宝和蚂蚁金服的几年里非常切身的一个体会。

其中，利益是什么？“用户付了钱，我给他提供服务和产品，他有没有得到想要的。我的供货商、销售、渠道和产品，为他创造了什么价值，让他得到了什么好处”。这是公式里“利益”的内涵和意义。

体验就是指用户体验。为什么崇尚用户体验呢？有时一件非常好的事情，但由于细节粗糙，用户感觉很不爽，用户体验很不好，即使你满足了他的利益，效果也肯定不好。

所以说，利益是核心，如果体验本身做得好，可以达到事半功倍的效果；如果做得不好，会让利益大打折扣。在客户价值 = 利益 × 体验这个公式的背后，就是客户价值是战略最重要的出发点和最重要的核心，它也是落地所要力图把握的事情。

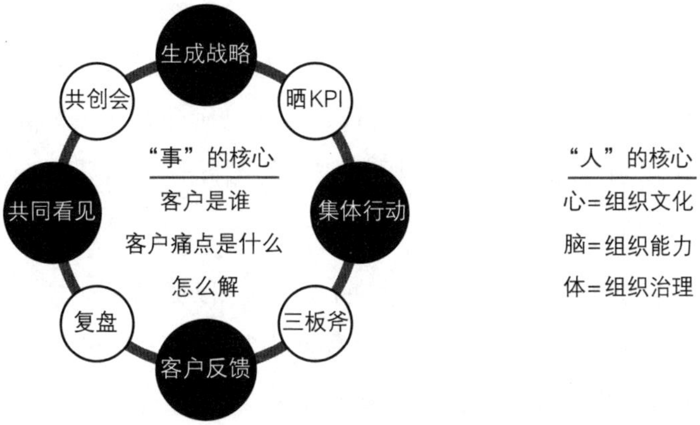

阿里巴巴战略聚能环

使命是利他，愿景是自利，这是组织能力的来源。人是中间层，是心力、脑力、体力的有机体，承接使命、愿景生成战略，然后通过共同看见、集体行动围绕关键的业务节点打造组织能量共修的场，同时接受客户的反馈完善这个场，最终落“地”，出结果。

使命、愿景是需要持续追问的东西，持续追问带来的是战略目标的定位和组织能力的匹配和调整。阿里巴巴战略的部分不在天上，而是在“人”这个心脑体的有机组织场里。彭蕾说，战略生成包含两个方面：第一是“不忘初心”,“阿里核心战略的原点一直是‘让天下没有难做的生意’”,第二是“不断追问”，战略更新、迭代，需要保持清醒，不断追问为什么。

比如，阿里巴巴的战略生成，从第一天开始，就和“让天下没有难做的生意”一脉相承。另外，阿里巴巴的战略生成的思想跟道家的“道生一,一生二,二生三,三生万物”联系在一起。

有了思想之后，就要不断追问，今天做这件事情是为什么？只有在想为什么的时候，脑子才足够清晰。“当你发现今天来回答这个问题越来越困难、当下的布局和服务已经不够的时候，你会基于此构思出一张新的图，你会想到一生二,二生三，然后才会有一个更大的布局。”

在战略生成之后，战略不是一种简单的思想和说法，而是一张清晰的依托行业、业务的战略宏图。比如阿里巴巴的“金三角”：电商、物流、金融。电商是淘宝和天猫；物流就是菜鸟网络，包括合作伙伴；金融是以蚂蚁金服为核心的支付、基金、小贷和网商银行。近年来阿里巴巴开始做健康、做快乐（阿里娱乐、阿里影业），包括阿里巴巴的国际化。这些加起来就是阿里巴巴的整个战略宏图。

有了宏图，就有了“排兵布阵”的组织大图，“必须让核心团队甚至全体员工站在一张图上，否则就会出现铁路警察各管一段的情况，这绝对不行”。实际效果要做到的是，“虽然站在不同的位置上，但是拼起来是一张完整的图”。

因此，简单地说，落地实际上就两个步骤：一是画大图，在战略框架下画出业务大图和组织大图；二是大家共同看见，需要所有员工共同听见、共同看见，最忌个人分管一段。

2.4 术：管理九板斧[1]

本节的“九板斧”源自马云的“九板斧”管理思想，是对他的这一思想的提炼和体系化，其背后的阿里巴巴人才发展理念是“人事合一”和“虚事实做”。

1 本节主要参考：湖畔大学组织模块学术主任涂灵策在“2016（第十二届）中国企业培训与发展年会”上的演讲内容。

人事合一具体指“借事修人”和“借人成事”。在阿里巴巴工作满五年会有一个成人仪式，之后才能真正成为阿里人。因为五年可以让一个“新人”经历足够多的挫折、委屈、变化，充分感知阿里味，由内而外地散发着阿里味，这个过程就是靠人事合一的“修行”实现的。

成事，就是拿结果，是对所有阿里人的要求。而对于阿里巴巴的领导者，不仅要能够做成事情，而且还要能够带出一支队伍。从这个角度来讲，人事合一的核心是紧贴业务场景，基于业务实际需要发展人和组织。

虚事实做是有理由的，因为关于领导力、文化、员工成长等这些理念的内在体验都是虚的，所以必须通过实实在在的事情才能将内在体验落地，落地就是在业务中沉淀宝贵的体验与感受。比如在阿里巴巴每完成一项工作后，参与工作的同事会多花 5 分钟时间，相互分享个人的感受，以此来加深对业务的理解，增进彼此间的感情。

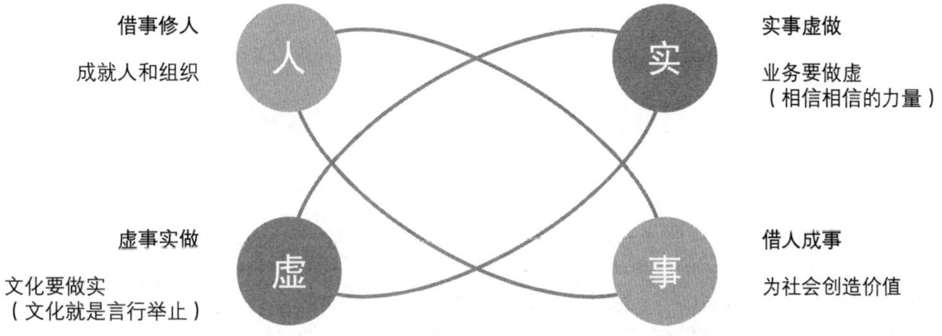

阿里巴巴人才发展理念

九板斧就是帮助人实现“人事合一”和“虚事实做”的思维与实践工具。以九宫格的形式可以清晰地厘清九板斧内在的关系。九板斧分为头部、腰部和腿部上、中、下三层，每一层都有一个三板斧，每一板斧都占据一个空格。

头部三板斧是定战略、造土壤和断事用人，这是定方向和做决断的层面，用于培养高层的组织能力和建立完善的体系。腰部三板斧是定策略、做导演和搭班子，是从战略到执行的转化，是资源协调整合和多模块组合。腿部三板斧是拿结果、Hire&Fire 和建团队，这是任务的落地和执行层面，是从做事到做人的单一模块。

头部三板斧

阿里巴巴有一句话："选择错误比不选择要来得更加好"。这就是说，在做出选择之后，运行一段时间，发现了错误，可以及时停下来改进，但是如果犹豫不决，错失良机，则是没有办法回头的。

定战略，关系到公司的未来和方向。从产品的角度看，一个公司的产品一般有主营产品、战略产品和种子产品三种类型。主营产品是用来赚钱养活公司的产品；战略产品是看未来五年发展趋势、布局未来市场的产品；种子产品是偏向于测试当下市场需求的产品。

在这个角度上，定战略就是要设计和打造适应发展趋势和市场需求的产品。这个决定着企业是否成功。阿里巴巴有一个公式：企业的成功 = 战略 × 组织能力，实际上就是把正确的战略执行到位，企业就成功了。当然，这个说起来简单，阿里人更相信"好战略一定是熬出来的"。

"透明的天、安全感的地、流动的海、氧气充足的森林、融洽有归属感的工作社区，是高级管理人员需要给到员工的"。这背后包括：公开透明的制度、稳定的增长空间、人才的流动、良好的团队氛围和人与人之间的连接。这就是头部造土壤的题中之义。

断事用人，是头部非常核心的事情。虽然道理是"做正确的事，而不只是正确地做事"，但是背后的真相是要找对人，要知人善用，要用人所长，而且“用人要疑，疑人要用”。这就是说，用人不能完全放手，要相信他有做事的意愿，但有做不好、做不成的可能，所以要有必要的辅导和支持。

对于创业团队来说，很多时候一块业务做成功了就是因为用对了人。反过来，这也要求头部领导者平时就要做好“蓄水养鱼”的工作。比如当公司和团队取得了好成绩时，要把好消息放出去，吸引和招徕一些人才，为未来做好储备。

腰部三板斧

腰部起到承上启下的作用，承上就要懂战略，“先懂 Why，再说 How”，要知其然，还要知其所以然——要执行，首先要理解为什么这么做，要知道对公司未来有什么作用，以及未来的价值是什么。

在很多企业中，腰部领导者都有价值感缺失的困惑。一方面，老板的话要听；另一方面，要传达给一线员工，这就出现了隔层汇报。如果这时候腰部领导者自己没有理解所收到的信息，那么就很容易变成“传话筒”，自然就会产生价值感缺失的感受，也可能会因此失去自我的价值。

这个问题实际上就是要求腰部领导者，对上、下级的要求或诉求能有自己的理解，然后要学会用对方能够听明白的方式来表达和传递。但腰部领导者的核心任务是搭班子，就是做资源的最佳配置者。

除了懂战略和搭班子，腰部领导者还要会“做导演”，导演是产品和服务的拥有者，同时也是对产品和服务的理解者，因此导演的作用就是要根据脚本做好角色分配和资源协调，做好业务规划、资源规划、时间规划。

举个例子。阿里巴巴有很多工程师，他们拿着公司最高的薪水，是高技术人才，有不少人把他们当作“男神”来看待，可是他们有不少人却觉得自己不快乐，觉得自己没有价值。原因是，他们觉得自己像外包工人，“东西做好，给了产品经理后，就再也没有回馈了，不知道自己的工作有什么效果”。无法获得用户的反馈，让他们失去了动力。

这时候就需要相关的腰部领导者做导演了——做脚本、搭场景、立人设，创造条件让工程师跟客户见面交流，知道自己的工作所产生的客户价值。实际上在公司内部，实现类似于马斯洛层次需求理论里的个人价值并不复杂，终极武器就是通过跟客户打交道来解决企业内部的矛盾和问题。

当然，腰部领导者做导演不只是为了实现个人价值，其主要作用还是在理解了战略之后，排兵布阵，推动执行。

腿部三板斧

腿部是基层，招聘、裁人、团建和成果都是在这个层面实现的。这几个方面构成了腿部三板斧的主要模块。

在阿里巴巴做了三年管理的人，如果还没有开除过人，则说明是不称职的。所以，阿里巴巴的腿部三板斧是有 Hire&Fire 这个模块的。

Hire 是腿部领导者做的事情，Fire 也是。阿里巴巴有严格的绩效考核制度，所有员工每季度、每年度都要参加业绩、价值观的双重考核，各部门主管按“271”原则对员工的工作表现进行评估——20%，超出期望；70%，符合期望；10%，低于期望。其中 10% 低于期望的员工没有年终奖，也没有加薪，而且一部分人会因为评估不合格而被开除。这个决定必须由腿部领导者做出。

当然，“271”评估比例不是拍脑袋决定的。在每年年初的时候，规则就已经讲清楚了，比如“批评不隔夜”，在做事过程中下属有问题，当下就要批评他，不能害怕打击到他的积极性，这是对他负责任。除了批评，在下属没有犯错的情况下，也要及时给出反馈意见，比如哪些地方可以做得更好。

再比如“对事不对人”也是重要的规则之一，所有的批评、指正、表扬都是针对事情而非人的。这一点在有些时候十分重要，是一个有责任心的腿部领导者必须注意的事情。

“271”还是比较清晰的规则。在阿里巴巴有两种人是明确要被 Fire 的：一种人是“小白兔”，就是价值观很好、业绩不好的员工。这种人要先给机会，但是给了机会依然无法改变就要被 Fire；另一种人是“野狗”，就是价值观不好、业绩好的员工。这种人必须被 Fire。后来把“271”改成了“361”，就是提高了优秀员工的考核比例。

人招进来，就要开展团队建设工作（Team Building）。团队建设不只是吃喝玩乐，最重要的是围绕业务在实战中锻炼团队，“人事合一”集中体现在这个模块上。有的公司会说：“为了培养人才，我们可以牺牲一些利润和业绩”。这样做很有问题，对团队建设没有任何好处，因为实战才能真正锻炼人才，锻炼团队。事实上，所谓人才就是那些经得起真正的业务、真正的战斗考验的人。人才是剩下来的，打胜仗是最好的团建。

既然要通过业务实战来进行团队建设，那么就要有一个推动业务的动作。比如一家公司当年业绩增长了 100%，觉得冲了一年，要休息一下，决定明年在这个基础上再增长 10% 就可以了。这样设定目标好不好？很显然不好，因为没有了推动业务的动作。那么如何才算推动呢？在推动的背后要思考的一个问题是“如何占领下一个制高点”。

设定一个更高的目标对于团队建设更有效。疲惫可以通过很多软性方式来缓解和解决，但是动了业务的目标定位，就动了根，动了业务基础，团队核心能力的锻炼和造就就不扎实，甚至不可靠。

当然，除了要找到下一个制高点，作为腿部领导者，也可以通过招聘来解决业务需求和问题，还要重新梳理业务，明确客户是谁、客户价值是什么、需要什么人来做。想清楚这几个问题，才能明确业务主线，才知道如何来打造团队，提升团队的竞争力和凝聚力。

腿部三板斧的最后一点就是 Get Result，拿结果。

结果很重要，即使讲得天花乱坠，但是不落地，是没有一点用处的。但是有一点对腿部领导者来说非常重要：很多时候并不知道为什么要这样做事情，但是很明确可以把这件事情做好。如果在做事的过程中突然领悟到为什么要这么做，那么这就是腿部领导者成长的一个标志，证明腿部领导者有往前走的能力或潜力了。

做事情、培养人和打通“任督二脉”

上面按着横向顺序，对每个层次的“三板斧”进行了解读。那么从纵向来看，也有清晰的逻辑：第一列，定战略、定策略、拿结果，是做事情；第二列，造土壤、搭班子、建团队，是培养人；第三列，断事用人、做导演、Hire&Fire，是打通人和事之间的“任督二脉”。

定战略、定策略、拿结果，是做事情。首先头部需要定战略指明方向，看清楚未来三到五年的产业格局与竞争态势，以及客户价值是什么。其次腰部需要定策略，将大的、虚幻的战略转化为当年的策略；最后腿部需要拿结果，将策略转化成具体的项目和目标，细化到小团队负责并产出结果的程度。

造土壤、搭班子、建团队，是培养人。首先造土壤，组织是一片土壤，是一个有机的生命体，逻辑是“只要土壤好植物就容易播种”，造土壤就是要让团队文化呈现健康的、正能量的状态。其次搭班子，这需要联合很多“工种”来做一件事情，比如一个行业领导者需要把运营、产品、技术甚至外界等几股力量组合在一起，才能产生效果。最后建团队，每位腿部领导者都应该懂得如何带人、如何凝聚人心，并引领大家实现共同的目标。

断事用人、做导演、Hire&Fire，是打通人和事之间的“任督二脉”。“任督二脉”是指在人与事方面的“要害关节”，不同层级的领导者要打通这些“要害关节”，保证战略、策略落地路径的通畅。

那么在每个层面上怎么打通呢？

越往上，越发现“能否用对人”“能否做艰难的、不完美的决定”最关键，这非常考验领导者的智慧，最能体现领导者的信念。头部领导者就是要在这两个点上修炼断事用人的眼光，用对人，是打通“要害关节”的第一步。当然，头部用对人指的是用对了腰部或腿部的领导者。

对于腰部领导者，其首先是一个导演，要懂得“挑选好剧本”，就是要挑选一个好的业务。然后要“找演员”，把团队建立起来。最后还需要好的“舞美”与“灯光”等配套设施。一出“戏”导出来后，不光要叫座，还要产生影响。整个导演过程，就是把人和事打通、理顺、糅合的过程。

对于腿部领导者，招聘和解聘十分关键，它们是打通人和事的最初界面，这时要遵循“合适的人做合适的事”的原则。其中解聘代表取舍标准，而且只有通过解聘，一个团队才真正具备拿结果的能力，团队的文化与味道也才能建立起来。当文化和味道建立起来之后，人和事也就合一了。

以上是从纵向上看的维度，可总结为一句话：一张图、一场仗、一颗心。首先要明确团队的战略大图，要清晰到让每一个执行部门的成员在图上都能找到自己的定位，定位清楚了，一群有情有义的人就可以开始一起做一件有意义、有价值的事情了。

中层领导者的“修炼之术”

2010 年，阿里巴巴针对中层管理者开发了三门课程，即“揪头发”、“照镜子”、“闻味道”，“揪头发”锻炼一个领导者的眼界，“照镜子”修炼一个领导者的胸怀，“闻味道”修行一个领导者的心力。这三门课程由公司创业元老分享经验，被称为“管理者的修炼”。

“揪头发”，是一种向上思考的思维模式，上一个台阶看问题。当两个部门之间发生问题时，需要从上级的角度来看问题，“如果这个问题由你的上级来处理，会怎么做？”与之对应的是下一个台阶看问题，“当出现了隔层管理时，你应该通过怎样的方式来了解下一级员工的工作？”

根据这两个问题，阿里巴巴设置了一个标准：逐级分配任务，跨级了解情况。上级领导要去了解下属的工作情况，除听汇报以外，还要听下属是怎么闲聊这件事的。同时，对下属的下属要腾出空间，去感知和观察其生活而不是直接询问。用一句话来讲，就是和你的下属谈工作，和你的下属的下属谈生活。

但是有一个问题要先想清楚，就是为什么要“揪头发”。很多人工作久了，会进入到舒适区，在舒适区待久了，就不愿意去挑战或创新，因此不再成长。“揪头发”就是为了帮助中层领导者跳出舒适区，在突破、挑战中成长。

那要怎么“揪头发”？

从老板、上级主管的角度或行业、跨部门的角度来思考业务出现问题的原因。这种向上思考首先意味着，在理解更高层级的基础上，在充分认知公司和行业的情况下，中层领导者要清楚自己出了什么问题，从而影响了业务的推进。

更重要的是“揪头发”的视角，要从客户的视角思考问题所在，而且要设身处地地思考客户的需求到底是什么。举个例子，三一重工的挖掘机很早就进入了世界顶级行列，除其质量过硬以外，在很大程度上是因为他们对客户需求的恰切把握。如果你有机会到三一重工参观，他们会告诉你客户购买挖掘机最关心的不只有价格，还有三点：第一，挖掘机在单位时间内不发生故障持续工作的能力；第二，油耗；第三，舒适度，操作师傅要坐着舒服，才能提高效率。这是非常典型的从客户视角思考的案例。

“照镜子”，是自省功夫，通过观察团队、观察上下级来观察自己，修炼的是中层领导者的胸怀，照出有觉察和自省的领导者。

所谓“以人为鉴，可以知得失”。中层领导者上通下达，要独立，也要融入，因此常“照镜子”才能不断完善自我，推进团队成长和组织发展。在大多数情况下，领导者所看到的问题其实就是自己的问题，尤其是当领导者对团队有各种不满意的时候，一定如此。

“照镜子”，除“吾日三省吾身”以外，还要在业务顺风顺水的时候做，因为这时候最容易掉以轻心。这时候要多听团队意见，看团队会指出自己的哪些问题，顺境时的问题也许是误解，但很可能是潜在的隐患，要居安思危。在外部竞争变得极其严酷的条件下，这么做是必需的。

“照镜子”，都是以他人作为镜子的。比如中层领导者要以上级和下属为镜子，自省得失，以完善自我，成就团队组织，但同时中层领导者也是上级和下属的镜子。

作为下属的镜子，能不能甚至敢不敢给对方一个积极正面的反馈，简单的如口头表扬，就体现出中层领导者的心胸和眼界。比如阿里巴巴曾经针对技术人员实施过“推车计划”，“推车计划”是一种形象的说法，以前的汽车熄火之后，需要从后面推一段路程它才能发动起来，当团队停滞不前时也需要推一把它才能恢复活力，持续运作起来。

当时阿里巴巴的一些技术团队总是死气沉沉的，后来发现是因为团队的领导者从来不表扬团队成员，技术团队的领导者本身就是技术大牛，在他眼里所有成员都不行，做得好是应该的，做不好就狠狠地批评。为此，彭蕾召集人马开始推行“推车计划”，通过谈话沟通要求技术团队的领导者必须表扬团队里的成员。就这么一个简单的动作，使整个技术团队的面貌焕然一新。

这个例子说明，中层领导者作为下属的镜子，必须在合适的时候给下属以积极的反馈，这对于塑造一个好的团队很有帮助。而且，很多员工加入公司，看中的是公司的发展平台，所以中层领导者要主动创造条件，帮助下属成长和发展。那么怎么帮助下属成长呢？就是要以身作则，用自己的言行把团队的需求和文化传达给下属，帮助其成长为团队需要的人。

而中层领导者作为上级的镜子，需要勇气，有担当，足够坦荡，在信任的基础上，向上级表达自己的感受，期待上级能够根据自己的意愿有所转变和调整，目的是把上级的想法理解到位，达成共识，上下形成一种有效沟通的通道。当然，在这个过程中上级会起到主导性的作用，因此有一个开明的氛围十分必要，这与第三板斧“闻味道”有内在的联系。

“闻味道”，是怎么回事呢？上面讲到的推车计划，就是马云“闻味道”闻出来的。马云非常喜欢“闻味道”，闲着没事就在公司里溜达，到处串门，观察和感受不同团队的状态，比如这个团队哪里不对劲儿，那个团队哪里不着调，整体上又有哪里是符合阿里味儿的，这很考验一个领导者的敏感度和判断力，修炼的是心力。

为什么要“闻味道”？这与组织的快速发展有关系，尤其是对于阿里巴巴而言，随着公司规模越来越大，不同团队为了业绩埋头做事，不会重视文化的事情，认为这是HR的工作，而且团队成员之间也不信任，不敢讲真话，这就需要公司领导者透过现象看本质，感受不同团队的气场，然后沟通了解情况，抓住要害，解决问题。

其实，通过“闻味道”会发现，不好的团队往往气氛压抑，互相沟通很少，说话很轻，常常为了一些小事而斤斤计较，担心自己吃亏，充满了虚话、套话，隐瞒真相；而好的团队往往因为自信而开放，除公司的一些战略机密之外，任何事情都可以公开，而且敢于公开。当然，团队的味道是慢慢“炖”出来的，所以领导者要致力于打造敢讲真话、敢犯错误的氛围，这样才能逐渐带出一支充满梦想、有韧性的队伍。

3

阿里巴巴干部管理机制

"三板斧"其实只是阿里巴巴干部培养的一个亮点，阿里巴巴的干部管理是自成体系的，包括招聘、选拔、晋升、考核和轮岗等一系列环节，构成了阿里巴巴干部养成的机制保障。比如在干部的选拔上，一是看业绩；二是看价值观，这两个很重要，这跟马云的管理理念和用人标准不无关系，无论是高层干部还是基层干部，都有自己的一套办法。

3.1 干部的招聘

马云早期提出过一个干部选拔的观点，这个观点一直应用至今，即："国有企业的捣乱分子"和"民营企业的正人君子"，这两类人是干部选拔的标准。

为什么是这两类人呢？

因为相对来讲，国有企业的管理比较"呆板"，在国有企业待久的人通常会变得保守、规矩，但是"国有企业的捣乱分子"有变革的意愿，不甘于在僵化的体制里消耗，而且这类人本身有积累和沉淀，阿里巴巴就欢迎这样的人，他们在阿里巴巴这个平台上也能获得机会，得到充分发展。

而民营企业本来就不那么"安分守己"，其中的"捣乱分子"一定会对组织造成破坏；但"民营企业的正人君子"就不同了，他们本身有创新意识，同时有拼劲和干劲，这类人也是阿里巴巴特别需要的。

需要再次强调的是，这两个标准是针对干部的选拔来讲的，对基层员工的选拔则不会参考该标准，只要能力足够，价值观不违背，就可以了。

当然，在选拔之前还是有招聘环节的。对于级别高的干部的选拔，会逐层进行面试，而且有多轮面试。具体来说，当猎头或熟人将人推荐过来后，第一轮是直接主管会先见一面，对其能力进行把关，看文化是不是匹配；第二轮是政委（HRBP）面试；第三轮是请跨平台的高级管理者进行面试。比如淘宝要面试一个资深总监，在阿里巴巴会跨平台请菜鸟网络的一个高级别人员跟他聊，确保应聘者的确是阿里巴巴整个组织所需要的人。之所以这么做，是因为阿里巴巴内部轮岗的情况比较普遍，因此要确保应聘者在整个组织里的“味道”是对的。

说到味道，在阿里巴巴招聘流程中有一个非常特别的角色叫“闻味官”。闻味官是在最后一关出现的，也就是最后一轮面试由闻味官来完成。闻味官往往由老阿里人来担任，比如阿里巴巴的合伙人，或者年份比较久味道比较正的员工。担任这个角色的人不固定，不是全职担任，而是虚拟的角色，但决策权非常大，可以影响到候选人是否录用。具体来说，闻味官面试时不聊专业，不聊价值观，就是闲聊，这很神奇，因为没有标准。聊完之后，如果闻味官觉得和这个人聊不来，味道不对，话不投机，那么就通过不了；如果聊得来，味道跟阿里巴巴匹配，那么就通过了。这是阿里巴巴的一贯作风。

阿里巴巴招聘干部，从推荐到几轮面试再到闻味官闲聊，贯穿整个过程的还有一个原则，就是“一票否决制”——无论在哪个环节，只要有一个人觉得应聘者不合适，这个应聘者就不会被通过。这背后有一个假设，就是当有一个人觉得应聘者哪儿不对的时候，这个应聘者可能确实是有问题的。这一原则不仅适用于干部招聘，对于一线员工也适用。

事实上，自 1999 年阿里巴巴创立以来，其招聘和选拔干部流程就是这么严格的，只是那时候还没有“闻味官”这个角色，因为大家都是新人。比如最早张瑛做 HR 时，她面试完之后彭蕾面试，彭蕾面试完之后马云面试，大家都要把把关，都要来聊一聊，保证招进来的人对味儿。这一点其实是很多团队都应该学习的，招聘是文化传承的第一道关，选对人很关键。

那么，阿里巴巴把人招进来后又是怎样的情况呢？在通常情况下，新招进来的中层不会直接上岗，而是给他三个月的时间做事业部总裁的助理。比如淘宝、阿里云等事业部都有自己的总裁，对口招进来的干部就跟着该事业部的总裁做助理。这样做，一是可以跟着总裁更全面地了解业务，也可以了解总裁的性格和脾气，建立良好的沟通互动关系；二是可以利用这一层身份跟大家打成一片。差不多在三个月之后,再把他分配到具体的岗位上工作。这一点在实际操作中非常重要。

3.2 选拔与晋升

阿里巴巴招聘有一个特点，就是一直在招最优秀的人。具体做法是，从行业龙头企业开始降序盘点来选择人才，就是先了解行业龙头企业是哪家，然后去“挖”这家企业对应岗位的人，如果“挖”不来，就降序寻找其他企业合适的人。只有这样才能找到当下代表最高水平的合适的人，阿里巴巴在创业初期就是这么做的。

下面再讲讲晋升。

晋升,第一要看业绩,看结果。有些公司是看过程,看人,过程中有苦劳,人好，业绩平平，但还是可以接受的。但在阿里巴巴这种情况是绝对不允许的，其要求既要有过程，又要有结果，“小白兔”是一定要被Fire掉的，对干部的要求更是如此。第二要看团队的口碑，上、下级的口碑都要参考。

对于晋升要做360度的调研和评估。怎么评估呢?

由晋升候选人的上级打分、下级打分、平级打分。打分评什么呢？评的是“九阳真经”，业绩摆在那儿，不需要别人打分，但价值观要通过360度评估和访谈来打分。比较有意思的是，跟其他公司可能不太一样，在阿里巴巴由晋升候选人来选择确定做360度评估和访谈的人员，也就是说，晋升候选人自己来选择给他打分的人。换句话说，在团队里他觉得谁跟他好就可以选谁来给他打分。

这听起来好像有“不避亲”的嫌疑，但背后是有操作理由的。如果连晋升候选人自己选择的人对他都不认可，那么他肯定是不行的。所以，一旦出现这种情况，候选人就不能得到晋升。实际上，在阿里巴巴确实有一些人，就是因为没有得到自己所选择的人的认可，从而导致不能晋升上去的。

再次说明一下，阿里巴巴的管理者分成三个层次：一般从M1到M3，即从主管、经理到资深经理的基层一线管理者称为腿部管理者，M3到M5的管理者称为中层或者腰部，M5及以上管理者称为高层或者头部。资深总监及以上管理者有一个相对独立的管理部门，阿里内部称为“组织部”，由集团统一管理而不是子公司，包括薪酬、考评、晋升、调转乃至淘汰。

M代表管理岗，相对应的是技术岗，用P表示。M和P的职级体系从2004年开始实行。当时之所以分成两条路径，是因为在实际的晋升过程中，一些技术大牛被提拔到管理岗后，发现其并不适合，带不了队伍，同时也没有办法做好自己的业务专业工作。针对这种情况，马云提醒大家说：“不要多了一个烂主管，而少了一个好专家”。

为了解决这个问题，就设立了M和P两条职级晋升路径，涵盖产品、销售、运营、研发、服务等各个岗位，擅长钻研技术的人就沿着P路径升级，擅长管理工作的人就沿着M路径成长。而且M和P有一定对等的关系，比如P6的技术相当于M1的管理职级，其“政治待遇”是一样的。

人的成长和发展是会变化的，在实际操作中，不能武断一个人是适合做技术还是适合做管理，往往都是在工作了一段时间之后，才能做出相对正确的判断的。比如对等职级的技术专家转到管理岗，在工作一段时间之后，就会发现其是否适合做管理，如果不适合就转回技术线上，继续从事技术研发工作；如果适合甚至比做技术时的表现还好，那么就朝着管理者的方向培养。还有一种情况是，不是对等职级的技术岗转管理岗，比如与P7的技术职级对等的是M2的管理职级，但是直接到了M3，就相当于晋升到P8，而且连跨几级的情况也是存在的。

在阿里巴巴，干部想要获得晋升，首先要被提名，一个人只有先被提名，然后进入晋升评估流程才看业绩和价值观是否符合晋升要求，在实际操作中，晋升提名是以绩效分数为重要的参考依据。

绩效分数分成 3、3.25、3.5、3.75、4 等，其中 3.25 代表部分不合格，可能会被淘汰；3 代表不合格，基本上就被淘汰了；3.75 代表部分超出期望；4 代表超出期望。

如果一个人的绩效分数在 3.75 以上，那么他就可以自己提名，在提名后会有晋升委员会来评估，而晋升到“组织部”的会有专门的评估委员会来评估。如果一个人的绩效分数为 3.5，这时候可以由他的上级主管来提名，他的上级主管要给出一个中肯的判断，“虽然绩效分数一般，但是潜力不错，在晋升岗位上能够取得更好的分数”。但是他的上级主管只有提名权，最后能不能晋升由晋升委员会通过答辩来进行评估确定。

3.3 培训与轮岗

关于培训在前文已经有比较详细的介绍，这里做一些补充。培训整体上是三层体系，基本上就是按照马云九板斧的划分来做的。如果跟 M 职级联系上的话，基层管理者 M1 到 M3 都有，叫一线管理者，直接管员工；中层管理者有 M4、M5、总监和资深总监，他们是事业部的，一般都是头儿；再往上是总裁、副总裁级别的，他们是大事业部的老大，是高层管理者。在每一个层面都有一个三板斧的能力要求，围绕这些能力要求就可以设置一些课程。

对于基层管理者，一开始，阿里巴巴是采购外部的课程、标准化的课程，也有定制课程，后来自己沉淀了一套课程体系，采购外部的课程就很少了，80% 都是内部开发的，由上级管理者来授课。对于中层管理者，一半是通过内部工作坊，比如共创、晒目标、复盘、三板斧等方式训练，还有一半是采购一些与这个层级能力要求匹配的精品课程。对于高层管理者，以战略、组织的研讨以及曾教授、马老师、彭蕾、逍遥子的分享为主。

也有少量的人文相关的课程，以及一些自我探索和团队互动体验项目。

但最常采用的还是“走出去”和“请进来”的方式，带高层管理者到外面参观和交流，打开视野；请进来的一般以跨界的大咖、达人为主，比如请史玉柱来分享，请网红、北大校长、作家等来分享，目的是为了打开视野。湖畔学院作为阿里巴巴的“中央党校”负责集团的干部培养体系设计以及培养项目的开发，中、高层管理者会在湖畔学院统一进行培训，基层管理者则由各个事业部来实施。就像三板斧实战工作坊，由湖畔学院开发，然后协同支付宝的培训团队在支付宝实施落地。

在培训内容上，马云提过要求，对于基层管理者，希望他们要有儒家的思想，能够积极入世。“你要带好团队，做好事情，一层一层往上走，你要有这种积极性，要有赢的心态，还要灌输给团队”。作为一个团队的领导者，在实践中要做好示范，要给员工做一个榜样。

对于中层管理者，马云希望他们有点佛家的思想，就是利他的思想。“你不要再追求自我实现了，你追求的应该是团队的成功，你应该怎么样搭建机制，怎么样保证人才能够成长，接班人能够培养出来”。

对于高层管理者，马云希望他们有点道家的思想。“你要开始思考整个系统，以更高的视角去看问题、看趋势、看规律、看行业的发展，你要有些格局，有一点道的思想，不要绝对的”。也就是要做到“当别人看到希望的时候，你要看到问题；当别人看到问题的时候，你要看到希望。你要用一些辩证法”。就像任正非提过管理的灰度，到了一定的高度需要具备这个能力。

以上这些都是属于阿里巴巴培训体系的思想和操作方式，我们可以有所启发和借鉴。

在阿里巴巴做管理者很不容易，要的多给的少。阿里巴巴有一个说法叫

“合理的要求叫锻炼，不合理的要求叫磨炼”。比如想要提拔一个人，希望他往上再晋升一个台阶的时候，通常会先把他放到某个团队、某个事业部中去锻炼。再比如一个人属于比较温和型的，为了让他有更好的发展，会专门让他到突破性业务中去锻炼。如果这个人敢闯敢干，突破能力强，则会专门把他拉到后台，憋他一下。这些做法都是通过轮岗来实现的，这是在岗学习非常有效的一种锻炼或磨炼。

在阿里巴巴是全员轮岗，不止针对管理者，员工也经常轮岗，这跟阿里巴巴的文化和业务的发展有很大的关系。比如一个员工或管理者原来在淘宝，在工作一段时间后，支付宝缺人，就可能把他调到支付宝来做了，这有点被动轮岗的意思。

另外，阿里员工也可以主动提出轮岗的要求。在阿里巴巴内部有一个规则，就是在本岗位工作满两年的员工，就可以向上级主管提出转岗申请，申请通过后，只要目标岗位的事业部愿意接收，就可以转过去。还有，不管是员工还是管理者，工作满五年后则不需要提出申请，只要目标岗位的事业部愿意接收，就可以转岗，他只需要跟上级打一声招呼就行了，而上级是不能留更不能卡的。

这种内部轮岗的流动性和透明性很强，这样做有什么好处呢？

第一，解决了职业倦怠期的问题，会让员工在公司工作的时间更长。大家都知道，互联网公司的员工流失率是很高的，轮岗可以很好地解决这个问题。事实上，好员工愿意在阿里巴巴继续工作，跟轮岗有很大的关系。比如一个优秀的员工在 B2B 业务干烦了，这时淘宝正好有一个新业务，他觉得这个业务好，他就可以在这里重新焕发生机。

第二，让文化得到传承。虽然是新业务，但人是老人，这样自然而然就保证了文化的有效传承。反过来想，如果每个新业务都招一群新人，则很可能会导致公司文化出现裂缝。而阿里巴巴对使命、愿景、价值观十分重视，因此轮岗在文化传承上的重要性不言而喻。

举一个例子。童文红就轮了很多岗位，最早她是做前台的，其实在前台工作的时间并不长，很快就到了行政岗，在行政岗工作一段时间后，又转岗到 HR。有意思的是，因为她之前做行政时，涉及一些办公地点选址和装修的事情，后来阿里巴巴要建园区，也涉及选址和装修等事情，就发现高层管理团队中只有童文红有这个经验。

于是就找到她，说："我们要建阿里巴巴园区，公司里面盘了一下，发现你最合适，想让你来负责这个项目怎么样？"

她说："之前从来没有干过啊"

"没关系的，跟你做装修差不多，大家都没干过，公司里没有一个人干过这个，但我们需要有一个优秀的领导，还要确保和我们的味道相符，就你来做吧，锻炼一下"。这样童文红就成了阿里巴巴集团置业部的负责人。

童文红做了一段时间后，菜鸟网络分拆整合做物流，于是又找到她，说："做物流，建仓库，你建过大楼、建过园区，经验最多，还是你来干吧，别人都没干过"。于是童文红就做了菜鸟网络的总裁。

每一次轮岗对童文红来说，都是很好的实战磨炼和成长，这也是她今天能够作为阿里巴巴集团首席人才官和菜鸟网络董事长的原因所在。

再举一个比较夸张的真实案例。阿里巴巴曾经有一位计算机博士，那时候阿里巴巴高学历的人不多，博士更少，为了吸引更多的人才加入，就让这位计算机博士参与校园招聘做宣讲，讲自己的案例，发现效果很好，吸引了不少优秀的人才。于是就找到这位博士，说："你别做技术了，你去做招聘吧"。于是他就去做招聘了。在工作一段时间后，发现他对人和团队比较锐度，于是又让他做技术团队的 HRG（外界称为小政委），后来做大政委，做了一段时间后，又转岗到了服务团队，做服务部总监，客服团队做电话咨询服务的绝大部分都是女生，我们开玩笑说他后宫佳丽三千。

这两个例子非常典型，都是基于公司内部需求的轮岗锻炼，真实的操作流程要严谨和细致得多，每一次转岗前后都要做大量的准备和融合工作，这是一个完善的系统工程。

当然，也不是所有岗位都能轮。比如让 HR 做技术，或者让行政做财务，这些具有高度专业性的岗位，是需要时间学习和沉淀的。

通过轮岗，除能够从实践中真正锻炼一个人的能力之外，还可以为一个人的晋升打下很扎实的基础。比如彭蕾，本身是老师出身，也没有 HR 背景，通过不断地做就成了人力领域的专家，然后在 HR 通路上做到了 CPO，接着又跨界做蚂蚁金服的 CEO，这样的轮岗经历使得她对整个集团的经营、文化有非常扎实的、多方位的认识和实践，这当然为晋升打下了基础。

3.4 因人设岗

在《原则》一书中，其作者特别强调不要因人设岗，要坚持大家认同的公平性，不要因为人而改变自己的规则，而阿里巴巴是因人设岗的。比如曾鸣做战略很厉害，在其他公司会有战略官这样的高段位的管理职位，但马云就没有设这样的职位，他让曾鸣做总参谋长，不是参谋总长，不是一群参谋的头儿，不是管理一个智囊团，而是要求有结果产出的。这似乎只是表面上的因人设岗，但实际上阿里巴巴的因人设岗与其整个业务背景是有关系的。

阿里巴巴的很多业务是不确定的，很多时候都不知道未来会怎样，所以在招聘时，尤其是在招聘总监以上的管理者时，马云面试从来不会聊具体业务，而是先谈人生、谈理想。比如在早期的时候，马云会带着张瑛，让候选人也带着他的家人，一起聊聊天，一起谈谈行业的未来，谈谈关于未来的想象力，看看对不对路。但即使聊天对路了，也不会得出明确的定位和做法，而是让候选人自己先干起来。

而且，阿里巴巴在招进高层管理者 1~3 个月后，会对这些人进行回访，访谈落地情况。这样的访谈做得多了，就会发现一种情况：基本上面试时谈的事情，这些高层管理者都没在做，做的都是不相干的事情。但两三年之后，这些人做的事情才是面试时谈的事情。对于这背后的原因，阿里巴巴没有专门做过分析，有人说是因为阿里巴巴发展太快，也有人说是因为面试时的想法比较理想、有点超前，或许都有可能。

实际上，阿里巴巴的因人设岗是有一定的战略前瞻性的。也就是说，现在是在为未来的发展招人。如果现在没有相应的岗位，那么就先招进该岗位上的人做起来，等两三年后，当战略落地进入执行阶段时，就全面启动这个岗位。这背后真正的原因是组织环境或业务能力是需要一个成长周期的，在这样的情况下因人设岗是创造条件的过程。

另外，因人设岗与马云个人也有一定的关系，因为马云是英语老师出身，他不做产品，不懂运营，不搞技术，也不是专业的 HR。阿里巴巴会更看重人的综合素质，而不仅仅看专业素质。当然，招聘还是要从专业角度来考量的，但招进阿里巴巴之后，是不是做原专业的事情就不一定了。比如上节讲的轮岗的例子就是一个体现，因人设岗意味着“合适的人做合适的事情”。

当然，高层管理者进入阿里巴巴不是硬着陆，因此因人设岗也不是强行插入的，而是一定有一个缓冲适应的过程的。阿里巴巴通过“新人做老业务”的方式来进行软着陆，而且每个新加入的高层管理者，阿里巴巴通常都会为其安排一个 Mentor，目的是帮助他尽快熟悉阿里巴巴的业务和文化。

采取“新人做老业务”这种方式，一是让他通过老业务熟悉业务、制度、流程和文化；二是老业务本身已经很成熟了，再怎么折腾也不会出格，而且作为“新鲜血液”，可能还会带来一些创新甚至突破。但反过来，如果他一上来就直接做新业务，很可能完全搞不定，在文化上就会有很大的冲突和阻力，甚至可能跟阿里巴巴想做的事情完全不一致，偏离整个大战略。因此，阿里巴巴的因人设岗的基础仍然植根于文化中。

3.5 激励

与“新人做老业务”相对的是“老人做新业务”，这其实是一种变相激励。因为对于大多数老员工来说，在一个岗位上做久了，基本上就疲了，自然进入倦怠期。阿里巴巴之前做职业调研时，曾经做了一个“幸福指数”的体系，发现离职率比较高或幸福感比较低的时候，往往出现在半年左右、两年左右和七八年之后。

半年是一个适应的过程，开始前三个月很爽，看哪儿都觉得新鲜。半年后，开始觉得这里不好，那里也不好，满意度和幸福感下降。两年左右的时候，过了业务磨合期，对业务熟悉了，并且已经很熟练了，这个时候如果岗位工作没有新的内容，或者职位没有晋升，通常就会产生倦怠。七八年更是这样的，所谓“七年之痒”的说法，同样适用于职业，七年在同一个公司的同一个岗位工作，确实会审美疲劳的。

阿里巴巴的“幸福指数”在一定层面上就起到了对整个组织进行诊断的作用，通过诊断和分析，帮助老员工找到新的业务场景，给他换一个环境，很多时候他就会重新焕发活力。其实很多公司都会面临老员工激励的问题，这是一个疑难杂症，阿里巴巴在这上面做得就非常具有典型意义和借鉴价值，在这里也可以找到轮岗的依据，找到在岗学习的根据，体现阿里巴巴“以事修人”的境界追求。

在阿里巴巴，激励分成物质的和非物质的两种。在物质上，加薪、奖金、晋升等都是比较常规的做法。晋升则意味着权限的授予和管理幅度的加大，同时还有股权激励。通常来讲，随着职级的升高，薪资、奖金的物质激励会减少，但股权激励会更多一些。比如有些年份业绩不太好的时候，给员工发放奖金是不变的，但给高层管理者发放的是股权，希望他们能够更长期地在公司工作。

在非物质上，认可、表彰都是激励方式，像“老人做新业务”，就是对老员工创新和开拓能力的认可。晋升、表彰等都是非物质的激励手段。在阿里巴巴早期，有一个针对管理者的奖项“唐僧奖”，针对员工有沙僧奖、悟空奖、哪吒奖等，西游记中的唐僧是一个好的管理者吗？答案是肯定的。首先唐僧拿到了结果，取得了真经；其次唐僧对使命坚持，耐得住寂寞，经得起诱惑；第三，整个唐僧团队虽然经历了很多挫折和磨难，但都得到了成长。几位在押或保释阶段的徒弟都修成正果，所以好的管理者要带着团队拿结果，在克服一个个困难的过程中，获得团队的成长和每一个成员的成长，所以当时就设立了“唐僧奖”，来奖励当年度优秀的管理者。

“沙僧奖”是对敬业员工的认可，“悟空奖”是对敢于突破，勇于创新的认可，还有“哪吒奖”，是对新人的认可，表彰有突破、有创新的新员工。这些都非常有趣，不仅是一种文化落地的载体，而且将阿里巴巴对管理者的要求非常生动、形象地体现出来，让人记忆深刻。

除了形式上的体现，激励的内在与考核密切相关。关于阿里巴巴的考核前文已经介绍过了，这里再补充一些价值观考核的内容。在阿里巴巴管理者不好做，甚至出现被淘汰的情况，很多时候是跟文化和价值观密切相关的，能不能融入进去非常重要，这尤其适用于中高层的管理者，对味道、价值观越往上越看重。一旦价值观考核不过关，就会被淘汰或降级，不会因为业绩好而得到宽容。

比如前文提到过一个正态分布的比例“271”，在员工层面是20%、70%、10%，对于M1到M3的管理者也是一样的，考核的是“六脉神剑”的价值观。但是，对M4以上的腰部和头部管理者的考核会有更高要求。首先考核比例不同，是“433”，40%的业绩，30%的价值观，30%的团队。这个团队是指什么呢？是指有没有培养出人才，有没有人才流失，团队有没有出现腐败等，是考察团队的稳定性、成长性，反映管理者的领导力和管理能力。中高层管理者绩效非业务结果的考核占60%，由此可见对管理者的价值观和管理能力的考核要求更高。这里考核的价值观就是“九阳真经”，在“六脉神剑”的基础上加上“眼光”“胸怀”和“超越伯乐”。

对管理者的考核，只是从结果上体现了“在阿里巴巴做管理者很难”这一点上。事实上，在实际的管理工作中，很多以前在外企做管理做得很好的人，到了阿里巴巴就吃不开了，做不下去了，超多的不适应，没有办法融入，最终都被淘汰掉。原因是什么呢？阿里巴巴的管理者虽然拥有地位和权力，但这个地位和权力不是马云授予的，而是靠其个人能力和魅力征服团队后争取到的。

再讲一个例子。当时盖勒普工程咨询的人来给阿里巴巴报方案，在会场里面项目团队的头儿在，分管的副总裁也在，这位副总裁没有坐在桌子上，而是坐在地上，还有几个人坐在桌子边上，大家叽叽喳喳地点评盖勒普的方案，这个好那个不好。搞了大半天，盖勒普的人都不知道谁说了算，不知道谁是老大，谁是拍板的人。最后，副总裁从地上站起来，说：“你们的方案可能不适合阿里”。这时，盖勒普的人才知道原来真正掌握决定权的人，竟然坐在地上。

这个例子很直观地展现出来阿里巴巴的员工和管理者在平时沟通时、在决策上进行头脑风暴时，很多时候是比较平等的。虽然老板会拍板，但这个拍板决定靠的不是地位，而是能力、认同，这样才能在决策上产生影响力，才有资格为结果承担责任。这种文化在公司里体现得非常明显，尤其是在淘宝，很多小二的决策权是很大的，比如有一段时间，很多制度连淘宝的总裁都不知道就定了，影响淘宝无数的商家和用户，这种规则不得不说对管理者有极大的挑战性，当然这里也有乐趣和难度。

这似乎谈得有点远了，但这实际上是基础，也就是说，真正能够获得激励的阿里人，本身都是经得住实战检验的优秀人才。那么，阿里巴巴的这套干部培养体系、人才管理体系跟其他企业有什么不同呢？

第一，阿里巴巴在干部培养、干部任命和选拔上是没有测评的。管理能力不是靠一个通用的管理测评体系就能够真正建立或提升的。阿里巴巴不做能力测评，是因为能力本身就体现在绩效里面，不搞虚的。这个差别确实很大，现在很多公司都做测评，相应的薪酬绩效考核也以此为依据，但这样做事实上是本末倒置，因为能力不是系统化的表格参数，而是实实在在的结果。

第二，有一些公司会把参加过什么培训作为晋升的资格之一，人为设置一个硬杠杆、硬指标。这跟搞测评是一个道理，也是不科学的。但是在阿里巴巴也没有把是否参加培训列入晋升标准，阿里巴巴不会把认证和资格作为考核的标准，上不上课跟能不能晋升没有任何关系，即使上了十节课也不代表你的管理能力就上去了，这完全是两回事。这也是阿里巴巴跟其他公司不一样的地方。说得不好听一点，即使你上了一百节课，但是团队没有带好，业绩没有干出来，你还是一个不好的管理者。

这样来看，阿里巴巴好像是一家不讲道理的公司，实际上阿里巴巴就是不跟你讲道理，如果非要有硬指标的话，那就是以价值观为原则，以实际的产出和结果为导向，“怎么有用怎么来”。

延伸阅读 1 “逍遥子”变形记

2011 年“淘宝十月围城”事件成就了“逍遥子”张勇（截至笔者完稿时，任阿里巴巴集团 CEO），经过这件事情，他从一个财务型领导者真正成长为战略型领导者，这是他统领阿里巴巴庞大商业生态的关键时刻，也是他的至暗时刻。通过这件事情张勇才明白：“阿里巴巴做的已经不是一门生意，而是在为上亿消费者和上千万商家提供服务的平台。淘宝的商户是一个个组织，是一个个人，是一个个小生意，是与阿里平台关联的身家性命”。这时的逍遥子心存敬畏，深深相信主动承担是前进的动力。

在加入阿里巴巴之前，张勇在盛大做 CFO，财务出身的人有共同的特点，就是以数字为据且逻辑极强，这对于管理公司、集团财务是必需的，但是相对就会缺少一些温度。而阿里巴巴是一个强调温度、强调人文关怀的公司，这对张勇的挑战很大。因此从这个角度来看，“淘宝十月围城”事件是对张勇的很好的改变，让他从重视数据转变为开始重视数据结果背后的人、组织和社会，并且致力于阿里巴巴生态战略的实现。

然而，真正让张勇成为阿里巴巴统帅的，还是他在阿里巴巴的一件件成功案例。虽然“十月围城”事件发生在他负责淘宝商城期间，但是恰恰在这段时间，张勇把淘宝商城（就是后来的天猫）做成了有别于淘宝的一个品质标杆，尤其是在与京东的竞争中，让淘宝商城茁壮成长，快速发展成为非常有影响力的品牌和电商平台，一度成为阿里巴巴的“现金牛”。像后来依托天猫、淘宝的“双 11”电商节，更是由张勇一手主导打造的。最重要的是，2013 年张勇带领阿里人“all in 无线”，力推手淘，让手淘成为全球最大的移动电商平台，这是张勇把战略和执行结合起来打得非常完美的一仗。

当然，有了温度的逍遥子，仍然保持理性和务实的风格。他的执行力很强，也有很强的商业敏感度，做事情的策略和打法很有讲究和套路，而且在结果上，能够从财务的角度给公司带来很好的营收。这一点他跟马云就很不一样了，他比马云更看重投入产出比。

从个人层面来看，张勇的学习能力非常强，这是他能够融入阿里巴巴很重要的一点。阿里巴巴经常会开一些内部交流会议，比如“裸心会”，在这些会议上，同事之间会直接给出一些犀利的反馈和评论，即所谓的“照镜子”，帮助对方更加了解和融入阿里文化。张勇就参加过很多次这样的会议，超强的学习能力让他在认知层面上几乎与阿里文化无缝对接。

另外，张勇非常低调。比如，在阿里巴巴西溪园区的食堂，张勇跟其他负责人吃饭聊天，但是很多来阿里巴巴的人都不知道他是谁。再比如，在 2017 年的“阿里日”，一个阿里员工的母亲让张勇帮忙给她和同伴拍照片，拍了半天，这位母亲看了看照片跟他说拍得一般，后来有人才跟她说这是阿里巴巴的 CEO，原来她根本就不认识张勇。逍遥子的这种低调不是做出来的，这与他的个性和行事风格十分相关。记得有人问他的助理，张勇生气的时候是什么样子的？助理没有多想就回答说：表情严肃。逍遥子低调内敛，这个特点也让他在阿里巴巴能够稳健成长。

现在，张勇亲自操刀来推进“五新”的落地，此时的张勇已经是杰出的阿里巴巴领袖了。“五新”战略是极具前瞻性的，这要求张勇要有宽阔的格局和想象力，同时还要有现实主义的地头力。而且为了推进“五新”战略的落地，张勇在阿里巴巴内部进行了两次大型的组织调整，优化了高管轮岗机制，这不仅提升了对组织的管理力，更重要的是，做好了阿里巴巴面向未来商业文明的阵营布局。

2012 年，张勇发布了一封阿里内部信，呼吁全员“一定要坚持客户第一”，要盯着客户，为客户、为社会创造价值。这时候的逍遥子已经完成了变形记，他真诚地相信为客户服务是他和所有阿里人的使命担当，而认识到这一点，几乎是所有伟大的商业领袖走向卓越的开始。2018 年 9 月，张勇接替马云出任阿里巴巴董事局主席一职。

延伸阅读 2 彭蕾：与阿里巴巴共生

2010 年年初，在支付宝年会上，现场播放了客户投诉的录音，马云大发雷霆，说支付宝做得烂，烂到极点。马云不是乱发脾气，当时支付宝的支付成功率据说只有 60%，很多人因为支付不成功而放弃购买。因为这个原因，阿里小二每天都收到无数的抱怨，于是在年会现场宣布了彭蕾接替邵晓峰，出任支付宝 CEO。

当时，彭蕾刚刚上任，她对金融不太了解，对支付宝的整体情况也没有完全把握，面对这么棘手的情况，怎么办？ 2010 年春节过后不久，在莫干山，支付宝 P8 以上的员工和彭蕾、井贤栋、樊治铭、倪行军等阿里合伙人一起召开了一次支付宝历史上最重要的战略会议，就是传说中的“骆驼大会”。“骆驼大会”连续开了四天，高强度、高密度的沟通，让彭蕾对支付宝的情况有了非常深刻的了解，员工之间也建立起更深层次的信任，大家开诚布公，把支付宝的很多问题都“戳”了出来，比如不敬业、部门不协同、公司薪酬竞争力弱、赏罚不公等，而最后所有问题都归结到了“忽视用户体验”上。

以“骆驼大会”为契机，支付宝重拾初心，用户体验成为唯一标准，不管做什么创新和试错，都不能以牺牲产品的用户体验为代价。就是在这样的坚持下，支付宝推出了快捷支付，大幅度提升了支付成功率。后来又推出了“余额宝”这一爆款理财产品，支付宝由此进入消费者心智当中。当然，并非一帆风顺，在2016年年底、2017年年初，支付宝裸照风波和招财宝平台理财产品兑付危机的出现，把支付宝拉回到了正确的价值选择上，在保证用户体验的前提和基础上，彭蕾明确提出不做社交，并将进一步开放技术、数据、运营能力给金融机构。

以用户体验为核心，支付宝成为全球最具影响力的移动支付和信用平台，彭蕾也由此成为全球最具权势的女性之一。

然而，就是这样一个全球最具权势的女性，最初却是一个文艺女青年，是一个压根儿就不想成为强人的小女人。这种巨大的反差，不禁让人好奇，阿里巴巴到底有多大的魔力能让小女人彭蕾变成卓越的企业领导？

作为“十八罗汉”之一的彭蕾，在阿里巴巴几乎做过除技术岗之外的所有工作，如人事、行政、财务、编辑、运营等，而且经历了阿里巴巴发展几乎所有的重要时刻，这些独一无二的经历，让她跟阿里巴巴完全融在一起。阿里巴巴的组织文化有彭蕾的心血和智慧，像“独孤九剑”“九阳真经”“雌雄同体”，以及心力脑力体力、阿里巴巴四大组织能力、阿里巴巴人才观等，都是彭蕾梳理提炼出来的。也就是说，彭蕾投入了相当多的时间、精力和激情来造阿里的土壤，土壤造成之后，也成就了彭蕾卓越的领导力。

当然，除“造土壤”之外，彭蕾还做了非常多的事情，不断地优化阿里巴巴组织生态。比如2007年左右，建立了组织部，专门管理和提升阿里巴巴各领域的领导者；2010年左右，彭蕾主导建立了阿里巴巴内网，广开言路，让毒草长在阳光下。其最大的成就当然还是在支付宝的作为，将一个移动端工具打造成了信用体系，推动了中国消费金融的大变革。在成就这些的过程中，有两个节点对彭蕾来说可谓关键，其中一个就是担任支付宝的CEO，这个不再赘述。

另一个是在2004年的时候，邓康明加入统筹阿里巴巴人事工作，事实上是代替了彭蕾。当时她还是有些情绪的，不能接受，但是后来她看到邓康明把阿里巴巴人力资源生态搞得非常好，她内心真正为老邓喝彩。而且这个过程对于彭蕾来说也是非常大的提升，修炼了她的胸怀。

从彭蕾的身上，其实可以看出一个阿里巴巴领导者的成长路径。

首先，阿里巴巴的领导者一定经历过轮岗，甚至是被迫轮岗，是组织安排的。所谓“合理的要求是锻炼，不合理的要求是磨炼”，轮岗都是在挑战自己，挑战自己没有做过的事情。其次，阿里巴巴的领导者要不断学习和提升，“走出去”和“引进来”，通过这种方式来提升眼光和境界。当然，领导者的胸怀也是非常重要的，阿里巴巴通过不断地引进优秀的人，让优秀的人带领老人成长，就像“鲶鱼效应”，不断提升个人和组织的能力。最后就是超越伯乐，要培养人，使人成长。

也许你会说，彭蕾跟马云那么熟，所以才有那么多的机会。事实上，在阿里巴巴每个人都有机会，机会不缺，只是把握机会的挑战非常大。能力和机缘都是关键，尤其是阿里巴巴提倡拥抱变化，不是专业出身的人，要把握成为领导者的机会，必须不断学习，不断挑战自我，而最终还是要看结果，干出结果就意味着成功。与此相关的机制就是授权，马云就充分授权给彭蕾，对她非常信任。赢得上级领导者的信任和支持，这也是重要的因素。

彭蕾在阿里巴巴内部做过多次分享，她说作为文艺女青年，对于创立一个伟大的公司“既茫然，也没太大兴趣”，只是觉得马云是一个非常有意思的人，有着一种天生的领袖气质。“我就觉得他特别有趣，跟他在一起干活永远不会无趣，永远会觉得很好玩，他跟团队在一起的时候，给大家那种精神上的刺激是非常吸引人的”。然后就加入进来，结果这一来就是20年，但是她依然保持着率真，保持着一种浪漫而现实的精神，面朝星辰大海，继续远航。

延伸阅读3 童文红：因为相信，所以看见

童文红（截至笔者完稿时，任阿里巴巴集团首席人才官、菜鸟网络董事长）是一个传奇人物，几乎做过阿里巴巴所有非技术的岗位工作，最早是在前台，但很快转到行政岗。当时阿里巴巴增长很快，扩张很厉害，经常需要找一些新办公区，做一些工位布置的事情，这些事情童文红都做得很用心、很仔细。后来她转岗到HR团队，非常投入。

阿里巴巴有能让优秀的领导者成长起来的土壤，童文红在阿里巴巴就获得了尝试不同领域工作的机会。回顾她在阿里巴巴的工作轨迹就能感受到这一点，比如她最早做行政，然后做人事工作，后来又从置业部到菜鸟网络。她开始做这些工作的时候其实都没有经验，但这在阿里巴巴是允许的，阿里巴巴会基于员工的成长，为他们提供机会去尝试新的业务，允许试错，通过这种方式激发员工内在的驱动力。

在阿里巴巴有一种说法叫“平凡人做非凡事”，这对早期加入阿里巴巴的人来说概括得非常准确。早期大多数阿里人确实都普普通通，但是因为身处大时代的舞台，很多人通过丰富的历练渐渐成长为优秀的领导者。童文红可以说是典型代表。

和童文红打交道多的人，都知道她很随和，但是一旦落到事情上，她的要求就会特别严格。童文红这样做是为了对客户负责，事实上“对客户负责”恰恰是让一个普通人做事产生好结果且不断追求更高目标的原动力。用阿里巴巴的土话来说，就是“今天的最好表现是明天的最低要求”，这也是“平凡人做非凡事”背后的动力机制。按照这一要求办事，能够将一个个普通人激发成为优秀甚至卓越的人，自然可以成就非凡。

那么，童文红是什么时候成为阿里巴巴合格而优秀的管理者的？或者更严谨地说，她是如何突破自我从小女人成长为女强人的？在阿里巴巴的两次突破是她成长为领导者的关键点。

第一次突破是童文红担任阿里巴巴置业部的负责人。这个置业部相当于一个房地产公司，涉及的业务体量巨大，比如建楼、买楼、拿地等，在她主理置业部期间，每年给集团的贡献达上百亿元。从内部的支持性工作到业务部门的负责人，这样的转变极大地提升了童文红的能力和格局。

第二次突破是童文红掌舵菜鸟网络。房地产是一个确定性的业务，而菜鸟网络却是一个不确定性的业务，因为它的未来不确定，童文红必须为此承担责任。童文红有一个特别有优势的地方，就是她很务实，这一点能够让她在不确定性中保持韧性和可持续性，尤其能够把马云的天马行空的大型设想，基于现实的理解找到突破点落地。这一品质可以说是童文红能够掌舵菜鸟网络的一个关键。

一个是传统意义上的房地产生意，一个是布局未来的新商业实践，童文红在这两件大事上的成功成就了她个人的领导地位。现在回过头来看，这两个具有决定性的经历都是对童文红的心力、脑力和体力的极大修炼。

在心力上，掌舵菜鸟网络就是一件需要“耐得住寂寞，经得起诱惑”的事情，必须对客户需求非常敏感，并能够把握住客户的需求，要认清当前整个中国物流所处的发展阶段，更要处理好跟快递公司、跟商家、跟消费者之间的关系，这需要对未来有足够的信心，心力必须强大。童文红坚信这件事情非常有价值、有意义，尤其相信通过互联网新技术来改变物流行业是一个必然会发生的未来现实。“因为相信，所以看见”，正是童文红强大心力的体现。

在脑力上，其实就是思辨的执行力。童文红能够把马云的天马行空的想法转化为可以落地的实实在在的一些策略和动作，能够推动一个个关键节点达成。既能够发现问题，同时也能够想办法利用团队的力量来解决问题。

从 2000 年加入阿里巴巴算起，童文红在阿里巴巴已经 18 年了，这 18 年坚持下来，而且越做越好，充分展现了她“又猛又持久”的强大体力。

当然，心力、脑力和体力只是阿里巴巴领导者能力的一个方面，阿里巴巴对领导者还有眼光、胸怀和超越伯乐的价值观要求。

说实话，童文红一开始并不是一个特别具有战略眼光的人，但是她长年累月跟着马云、曾鸣，不断地学习，其眼光不可同日而语，对未来发展趋势的判断有非常大的进步。这种远大的眼光也帮助她有格局和胸怀领导专业领域中的顶级人才，虽然童文红并不是专家，但是对于断事用人她有清晰而准确的判断，她知道什么事情做、什么事情不做，知道什么人用、什么人不用，知道怎么用能用的人。

举个例子。菜鸟网络总裁万霖来自亚马逊，经验老到、丰富，在这一点上，童文红有足够大的胸怀虚心听取万霖的专业建议；而另一方面，由于在亚马逊工作的原因，万霖跟精英打交道多，但跟颇具江湖习气的快递行业中的人一开始根本不知道怎么交流，而且对于融入阿里巴巴的组织文化也有不少方面需要磨合，这时候童文红往往特别有耐心，一点一点帮助万霖熟悉与快递行业客户打交道的方式，一点一点帮助他了解认识、吸收传承阿里巴巴的组织文化，这些耐心都是对胸怀的修炼和表现。而且童文红乐见下属超越自己，因为她知道自己不能变成组织的天花板，只有比她优秀的人越来越多，才能保证组织的规模越来越大。

还有一点，无论是作为一个高层管理者，还是作为一个员工，对组织的心态很重要。阿里巴巴优秀的领导者都有一个共同的特质，就是他们都把公司的发展当成自己分内的事。在童文红和其他很多优秀的领导者眼里，自己不是在为马云打工，而是在为客户打工，为这个组织打工。他们希望这个组织能够成为一个优秀的组织，这样自己也能在公司里找到归属感和成就感，就像童文红自己所讲的，要从老板的角度想问题、办事情，这样才能得到真正的成长。

4

未来

1999 年 9 月 9 日，当阿里巴巴正式对外宣布成立的时候，阿里巴巴的总部所在地就是位于文一西路湖畔花园小区的马云的家里，往西就是稻田，今天已经是杭州主城区的一个繁华之地。

1999 年，阿里巴巴创业者在湖畔花园

2009 年 9 月 9 日，阿里巴巴上市公司搬迁至杭州市滨江区，周边也是荒地，今天已经成为一个商业聚集地。

2013 年 8 月，阿里巴巴集团总部从市区搬到了位于杭州西溪湿地西边的新园区，周边还是荒地。今天沿着文一西路一路向西，马路两边原来的池塘沼泽，已经是高楼林立，房价也从以前的几千元一平方米变成了如今的几万元一平方米。

杭州的发展速度用日新月异来形容一点儿都不为过，发生这样变化的不只有杭州一个城市，而是普遍存在的情况。很多人后悔 10 年前没有买房，但是 10 年前又有多少人能预测到今天的场景，就像今天我们无法预测未来的场景一样。

10 年前，在淘宝上购物还属于时尚消费，今天网购已经成为人们的习惯，而且也不仅有淘宝一个平台。10年前，微信还没有诞生，但今天谁如果说没有微信，大家可能会觉得这个人要么不是在中国长大的，要么就是外星人。

我们正在经历一个从工业社会到数据社会的巨大转型期，阿里巴巴曾经把它定义为新商业文明，甚至在2010年的时候修改了整个集团的使命，将“让天下没有难做的生意”变成“促进开放、分享、透明、责任的新商业文明”。虽然后来又重新调整回来，但整个集团的努力方向并没有改变，依然在推动着商业社会的变革，或者说借着商业社会变革的大潮来推动社会变革。

这个时代最大的不同是整个社会将以消费者为中心（也就是以人为本），以商业活动为主体，以互联网、大数据、人工智能为工具，驱动生产和制造，以及服务业的变革。

企业，尤其是民营企业，在改革开放以后诞生的商业组织，也在发生革命性的变化。有些人还停留在理论层面的探讨上，而有些人已经体验到变化的到来。每一次变革，都会有旧事物的消亡和新事物的诞生，很多企业管理的理论和原理都被打破。

阿里巴巴，当然也包括其他企业，曾经无数次被西方的商学院判死刑，但现在依然活着，而且看上去还越活越好。倒是很多吉姆·柯林斯眼中基业长青的企业，有些已经不存在了，从世界五百强的榜单上就可以看出来。

就像在阿里巴巴入股大润发时董事长兼CEO黄明瑞说的一句让很多企业家触动的话：赢了竞争对手，却输给了时代[1]。事实上，不只是大润发，无数企业都发出了这样的感慨。对于企业家来讲，要面对哪些可能的变化和挑战？该以怎样的心态和方法来应对这样的挑战？该如何应对不确定性？是任由媒体通过各种信息的轰炸加剧焦虑，还是保持一种两耳不闻窗外事的“佛性”？方法其实很简单，就像马云所说过的，一个人要思考清楚：你要什么？你有什么？你放弃什么？带着一种深刻的觉察，做出最适合的选择。

1　水木然. 大润发创始人. 我战胜了所有对手，却输给了时代[OL]. https://mp.weixin.qq.com/s/VYgRvuYWsGKvOzP8clP9YQ,2018-03-14。

4.1 企业如何应对变化制定战略

随着互联网应用的深入，冲击的不仅仅是线下的实体经济，今天很多业务是以前没有的，是完全新的形态，甚至无法对标。在阿里巴巴很多业务都经历过这样的过程，支付宝业务没有前车之鉴，阿里云的业务没有，菜鸟网络的业务也没有。阿里巴巴通过集体的智慧，用战略共创的方式来推动战略的生成和共识。从过去看三至五年的战略规划，慢慢变成了每半年就要做一次战略的分析和调整，一些新兴行业甚至三至五个月就要进行一次战略挑战，更有甚者随时随地都在发生变化。

在 2013 年春节期间，微信做了大量的活动，马云和整个阿里巴巴集团召开了紧急的会议，讨论如何应对微信的冲击，开启了移动互联网的竞争。跨界竞争也越来越多，甚至都不知道竞争对手在哪里，以及会以什么样的方式出现。在 2013 年之前，可能大家都没有意识到微信支付和支付宝会展开直接的竞争，支付宝正在和传统的银行拼杀得不亦乐乎，大家津津乐道的是微信在怎样革运营商的命。

在智能商业时代，和以前相比战略有何不同？最重要的不同之处就是不再有所谓的长期战略规划。由于环境变化太快，传统的五年、十年的详细战略规划不再有效，战略本身需要不断地进行调整，战略制定的过程也变成了 Vision 和 Action 的快速迭代。

虽然长期战略很难有效，但针对未来的长期思考反而变得更重要了。基于对未来的长期思考，形成对未来变化的某种假设，这就是我们常说的 Vision。Vision 显示了你对未来最有可能形成的产业终局的一种判断，这种判断是一种假设，这种假设要不断地被实践验证和挑战，然后不断地进行纠正。

这个实践就是快速地 Action（行动）。但 Action 不是盲目的，而是 Disciplined Experiments（有纪律的实验）。也就是说，这是在 Vision 指导下的尝试，目的是看行动的方向是否正确，如果正确，就要加大投入的力度；如果不正确，就要放弃。这是一个持续实验的过程，在这个过程中 Vision 越来越清晰，行动的方向越来越清楚，战略也就越来越明确了。

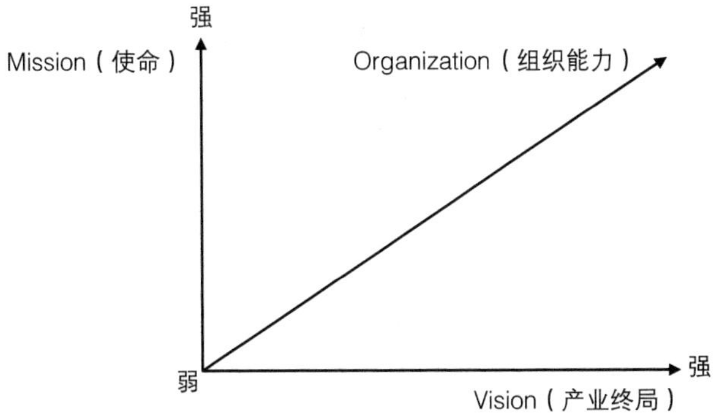

阿里巴巴战略生成的 MVO 模型

这种新战略的核心难点在于，一方面，Vision 一定要快速找到落地的点，不能大而空，不然只是空想或美好的愿望，没法落地；另一方面，不能盲目跟风，要不断地总结思考，形成自己对未来的独特判断。这就要求组织内部信息流通要高效，要有足够的灵活性，随时调整。这是阿里巴巴核心价值观“拥抱变化”的核心价值：支持战略的快速调整。

但同样重要的是，既然是对未来的判断，那么总有不确定性。无论怎样去收集信息、思考、推断，当你最后做决定的时候，总有一步叫基于信念的那一次跳跃（Leap of Faith），所以最终的决定必然是基于信念的。马云在一次演讲时说过一句后来很流行的话，叫作“因为相信，所以看见”。

在很大程度上是因为你相信，在往这个方向努力，才一步步地变成现实的。Vision 最终是拿来证明的，不是拿来挑战的，是因为相信，最终才能做出来。Vision 其实也是理性与感性的结合，在理性的一面，你要不断地挑战自己，纠正自己的判断；在感性的一面，你最终依靠的还是自己对信念的相信。所以这是非常重要的一个辩证思考。

企业战略发展阶段

基于未来的 Vision，今天投射在哪一个点上，找准这个切入点，才是你聚焦努力的方向。夸张一点讲，在今天这样一个大变革的时代，原来我们所熟悉的正规战略流程被 Vision 和 Action 的快速迭代给取代了。这其实对大家提出了一个更高的要求，就是既要有长期思考的能力，也要有快速反应的能力，这两者有机结合，决定了大家能走多远。

业务的尝试期

在尝试期一定要允许混乱。因为谁都看不清楚，参与的人有什么说什么，混乱统治一切，不要怕乱。

这个时候是在进行探索，本质上是在做实验。淘宝就是非常典型的草根式野蛮生长，由产品经理主导，自下而上地成长。

但是想要不乱到失控就要靠愿景把大家拢在一条线上，目标是一致的，大方向是清楚的，只有怎么做是不知道的。

业务的成形期

在成形期首先要确定方向是对的，然后开始控制混乱，达成战略共识。比如，三个团队去试三个方向，这个时候可能要对另外两个团队说，另外一条路是对的，我们走这条路。

这时大家肯定有不同的意见，所以要把大家往一个方向聚拢。这是共识期，需要落到战略上，至少高层管理者要认识一致，开始系统地讲清楚商业模式是什么、要怎么做、关键点是什么。

业务的扩张期

在扩张期模式已经成形，战略注重的是聚焦，要的是效率和纪律性。这个时候可以自上而下，可以有很具体的 KPI。因为都知道 KPI 是什么，执行就很简单，这时就可以适当地放手了。

马云在湖畔大学第一期开学典礼上[1]，就企业战略的方向和执行给来自不同领域的企业家学员上了一堂课。关于战略描述，马云主要提炼出 6 个关键词：使命、愿景、价值观、人才、组织、KPI。其中，前三个决定了组织的方向，后三个和具体的执行有关（关于业务的执行期不再详述）。

马云在湖畔大学开学典礼上讲话

第一个是使命。马云认为，使命感对一个组织来说最重要。使命感不是一个人相信，而是加入这个组织的任何人都相信。所以做企业一定要想想，这个企业为什么而存在。如果任何一个员工都能说出这个公司的使命是什

1 此处主要参考：马云在湖畔大学第三期开学典礼上的演讲内容（何承轩. 马云湖畔大学讲义：创业的六个关键词，以及那些你不用再犯的错误[OL]. https://mp.weixin.qq.com/s/Y3mKrncWnH5EB0dHGVvhDQ, 2018-3-28）。

么，那么使命感就有了。使命感不是老板说出来的，而是做出来的。当你真相信这是使命的时候，你天天在公司里面讲，在做重大决定的时候也要先问一下是否符合使命，这样就能够形成一种训练，你的团队的力量、集聚能力、人才的靠拢能力就强。

第二个是愿景。愿景就是公司要发展成什么样子。马云说过，阿里巴巴要做 102 年，横跨三个世纪，所以每一次做重大战略决策都必须思考一个问题，就是做这件事情对十年以后有没有效果，如果对十年以后没有效果，那么这件事情就不要做。马云说，中国很多企业学习硅谷的模式，但是他不太喜欢，他喜欢西雅图的模式。硅谷企业走的路线是风险投资，高速成长，风险投资设置五年到七年，它也希望你早点卖，希望你撤出。西雅图模式是基业长青，像微软、波音、亚马逊、星巴克都属于这种模式。

第三个是价值观。价值观就是做事的方法，没有做事的方法，没有做事的标准，企业肯定发展不下去。所以马云说，那时候阿里巴巴的价值观考核非常严格、严明，形成阿里巴巴最早的铁军，然后团队合作，大家一起去做一件事情，共同完成。每次的正面考核和负面考核，形成了阿里巴巴当时的文化，这一拨人成了阿里巴巴最了不起的支柱。后来阿里巴巴做淘宝、做支付宝，反对的人有很多，但是这些人一旦决定干，就会全力以赴。

第四个是人才。马云说，首先，不要迷信找最好的人，要找最合适的人，最好的人一定是培训出来、磨合出来、争吵出来、练出来的，天下没有一个人招进来就是完美无缺的，也一定是有问题的。其次，你招人是在招你的老板，招比你强的人，把他请进来，招可以当自己老板的人至关重要。此外，小公司的成功在于聘请什么样的人，只有找到合适的人才会让公司迅速发展起来；大公司的成功在于开掉什么样的人，因为大公司里面最容易出现那种不干活的人。

有关人才，马云还提到了接班人制度。他说任何公司、任何岗位都要有接班人制度。轮岗是接班人制度最好的一点，公司越年轻、越旺盛，越要找接班人，越要建立接班人制度。

第五个是组织。马云说，组织问题更为关键，分分合合、合合分分是企业一定要做的。如果人没有，靠组织补；如果组织没有，靠人补。比如阿里巴巴和淘宝重大的组织变革，就是合起来打，或者分出来打，原来支付宝在淘宝里面，后来分出来了。什么原因？一是对手变化了；二是环境变化了；三是人才不够。比如有些业务实在来不及做，人不够的时候，不要全部都做，否则会弄得一塌糊涂，不如干脆停掉两个业务，只有这样才能做起来，有舍才能得，可以合的地方一定要合，要分的时候一定要分。势头不错就分；势头不行就收，收了以后马上合起来。

第六个是 KPI。马云说，所有人都讨厌 KPI，但是没有 KPI 是不行的。KPI 最忌讳愚蠢的分法，比如我们今年做五十亿，你分两亿，他分三亿，这个太粗放。KPI 是一个结果，要重视前面的事情，你要知道做好哪几件事情才有结果，KPI 在前面的分析极其关键。KPI 是从下往上进行讨论的，但是从上往下做决定的，决定由老板来做，KPI 设得好不好，决定了一家公司第二年活得好不好。KPI 设得过高，让员工一点信心也没有；设得过低，则会越做越累。设定 KPI 是一种领导艺术，非常难，千万不能将 KPI 分解，假如明天要完成 30 亿，你发现所有人都在考虑这 30 亿从哪里来，一定出问题了。你要考虑的是做 30 亿，大概要做几件事情；做这件事情成功，要哪几个人；做那件事情成功，要哪几个人，这样才对。

4.2 如何让组织跟上战略的变化

杨国安教授提出过一个企业经营的公式：企业成功 = 战略 × 组织能力[1]。

1 此处主要参考：杨国安著的《组织能力的“杨三角”：企业持续成功的秘诀（第2版）》，机械工业出版社，2015年6月1日。

如何制定一个好的战略，以及如何保障战略的有效落地，这是很多企业面临的挑战。在工业时代，在制定出战略之后，基本上三至五年只需要不断地提高目标即可。但如今为了应对快速变化的市场环境，已经变成战略需要半年一调整，组织如何快速跟上战略的变化，是企业家必须要解决的问题，也是传统企业转型的难点。

阿里巴巴每年开一次战略研讨会，半年做一次战略 Review，对已有的战略方向做评估和调整。在每次战略调整之后，紧跟着的就是业务板块和组织架构的调整，以快速响应战略的变化。阿里巴巴原来有一条价值观叫“拥抱变化”，既是指导思想，也是行动指南。互联网企业调整组织的速度和节奏是比较快的，但对于传统企业来讲，这是巨大的挑战。

传统的企业组织具有以下几个特点，可以用“慢”“稳”“硬”“定”四个字来概括。

慢：流程长，反应慢。并不是企业希望这样的，而是因为价值驱动不同所采取的组织和管理模式导致的必然结果。工业化大生产讲究的是一致性，尽量不要有太多的上下波动，越可控越好。

稳：有计划，有步骤。在工业时代最具代表性的组织应该是制造业，看看过去的很多车间就可以发现，全年的生产计划都已经制订好了，按照订单稳步生产就行，最好不要有太多的起伏，三年前制定的操作手册，三年后基本上没有什么变化。

硬：规范化，标准化。管理更多的是自上而下的，对员工的要求是服从大于创新。

定:求精确,求确定。人有恐惧不确定性的天性,所以确定性会让人舒服,企业家和管理者希望事情都在自己的掌握之内,一旦出现打破常规的情况,首先是心理就会接受不了,最好的方式就是赶快将其消灭在萌芽状态。

而处于信息时代的企业,尤其是以互联网为代表的创新企业的特点,则可以用“快”“变”“软”“动”四个字来描述。

快:没有最快,只有更快。速度是当今企业竞争中一个非常关键的因素,无论是信息的传播,还是产品的研发、不断试错、快速迭代,都在比速度;无论是在生物科技领域,还是在互联网产业,当一个产品被推出占领市场和消费者心智的时候,后来者就需要花更大的代价赶上来。无论是滴滴和快的的拼杀,还是摩拜与 OFO 的竞争,都是在拼速度。

变:没有最终,只有最新。过去很多行业都存在“一招鲜吃遍天”的情况,而今天“一招鲜”可能只能吃一天,第二天必须要有新的内容、新的形式。这里面有两个因素,其中一个是对客户体验的极致追求,只有速度是不够的,因为别人的速度也很快,所以还需要不断地完善和优化,无论是制度、产品还是方案,都需要经过很多轮的打磨和精雕细琢,看看手机里的 App 更新速度就知道了。当然,这样的变化对于互联网企业也是很大的挑战,人总是希望生活在熟悉的环境中,最好是别人变,自己不变,这只能存在于幻想和梦境当中。

软:柔韧弹性,灵活可变。这里指的是组织运营的机制和流程,看看新兴行业公司的办公室就知道了,看不到统一的制服。还有就是上班、下班的时间,虽然有一个官方的参考值(有些公司连这个也没有),但基本上是不进行考勤和打卡的。以结果为导向,把时间的支配权交给个体,这背后是一种信任的理念。另外,在内部的流程和机制上,会根据实际的情况不定期地进行优化和调整,而不是制定一个制度后就一成不变了。所以在信息时代,打破常规已经成为常规。马云曾经讲过,阿里巴巴就像一个动物园,就像亚马逊的热带雨林,应该有不同的物种,只有动物园,只有热带雨林,才会有创新,不断有新物种;而不是一个养殖场,因为养殖场是很难有创新的,也不追求创新，最好养出来的猪都一样。

动：有序流动，动态平衡。过去企业员工追求稳定的岗位，一干干到退休，现在基本上已经很少有人这样想了。本书作者之一在阿里巴巴的时候曾经一年换过5个上级主管，岗位和工作内容也在不断地调整和变化，最早是在B2B做市场支持，后来转岗做员工活动，再后来到集团湖畔学院做新人培训，后来又做领导力培训，还负责集团的幸福指数项目，双向反馈，再往后到了支付宝做文化梳理和升级，后来又转到了菜鸟网络。阿里巴巴的高层管理者都经历过几次跨业务、跨岗位的锻炼。

我们正处于一个社会巨变的转型时期，企业的经营方式和组织模式也在潜移默化地发生着变化，以“互联网为载体+风险投资”的创新业务模式，先免费开拓市场，聚集流量，然后再通过各种产品进行变现的方式，对于传统的商业，无论是在认知上还是在实践上都是一种巨大的冲击。大家刚刚接受和习惯这种模式，甚至有些还在适应过程当中，基于大数据和人工智能的新模式又已经开始影响企业的经营。

组织的形态也越来越多，阿米巴、自组织、生态型组织、平台型组织等一系列的概念让我们眼花缭乱。甚至对于如何定义员工都有了不同的说法，过去员工的属性和概念是比较清晰的，雇主和雇员是相对长期和稳定的，所以会考虑职业发展的问题，但随着多种用工方式的出现，以及移动和跨区域办公，给管理带来了不小的挑战。

在工业时代，企业是强管控的组织；而在信息时代，企业则以激发创新为核心。用马云的话来讲，一个是把人当成机器，一个是把机器当成人。可能这两个都不对，最好是尊重人性和机性，各自发挥所长，才能更好地为人类社会创造价值。

未来的企业形态从大的层面可以分为三类：平台型企业、自营型企业和混合型企业。很多学者预测未来会有更多小而美的企业，大的企业生存将越来越难。

我们的判断则刚好相反，整个企业或组织的规模会出现两极分化的趋势，企业规模的比例会从金字塔式向陀螺式转变，也就是金字塔的腰部会向两端转移，一些以平台和生态构建为主的企业会成为超级巨无霸，每个行业都会诞生类似的企业，巨无霸之间以竞合的状态此消彼长，保持一种动态平衡。

还有一些企业从腰部往下滑，变成自营型企业，尤其是随着需求越来越个性化，以及行业竞争的加剧，企业的规模会越来越小，最后成为长在大平台企业或生态企业中的一个物种，这些企业此消彼长的方式，在竞争中实现动态平衡。

根据管理哲学大师查尔斯·汉迪的判断，未来组织形态[1]主要有三类：联邦组织、3I组织和三叶草组织。

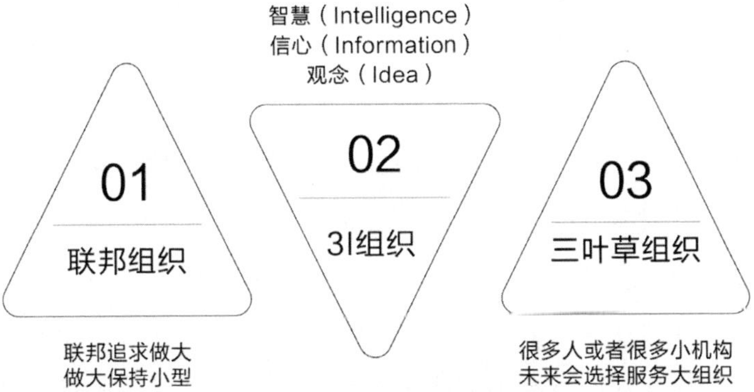

查尔斯·汉迪未来组织的三种形态

第一类是联邦组织。汉迪认为，联邦组织不只是一种结构，它还是一种思维方式，关系到如何看待组织成员及其能力，如何让自己的人员工作及如何管理人的问题。联邦组织是“不同的团体联合在一起，以某种共同的身份站在同一面旗帜下，联邦追求的是做大，做大的途径却是保持小型化，至少保持独立，把自治和合作结合到一起”。这样做有两方面的好处，大规模

1 此处主要参考：查尔斯·汉迪著、方海萍译的《非理性的时代（第1版）》，浙江人民出版社，2012年4月1日。

可以带来规模效应，同时有利于“保证组织在市场和金融领域中的影响力”；而小规模具有灵活性和社区感，这是当下越来越被看重的地方。

现在一些集团化的企业，内部已经逐渐演变出类似于联邦组织的形态，尤其是以投资为主导的多元化产业集团，对各个业务单元的管控并没有那么强，业务单元有比较强的自主性，有自己的制度和流程体系。为了对外有更强有力的话语权或议价能力，集团需要有一个中控平台进行资源整合，以实现效率最大化。阿里巴巴的“大中台”和“小前锋”模式，是这种组织形态的变体，这是一种比阿米巴更有竞争力的组织形态，是以服务为核心的“大中台”。

第二类是3I组织。这类组织“适用于知识占据关键地位的地方”，但不适用于军队、工厂或者官僚机构。既然是知识占据的地方，那么3I组织支付报酬就是为了让他们思考起来并将思想执行落地。汉迪用一个公式来描述这类组织：I^3=AV，其中I代表智慧（Intelligence）、信心（Information）和观念（Idea）；AV（Added Value）代表金钱或任何形式的增值。这个公式强调的是“要想从知识中获得价值，仅有聪明才智是不够的，还需要有价值的信息、有价值的观念作为立足的基础”。

通过智慧、信心和观念来创造价值的组织是怎样的组织？汉迪说，这样的组织很像一所大学，“这些地方有学习的氛围，凭借3I来追求真理”。一个公司追求真理这样的想象力非常理想化，换个说法是更接近真相，追求真理在商业组织里是追求质量，而且3I组织里的员工是智慧型的，他们对命令或服从完全“不感冒”。事实上，明智的3I组织会争取这些员工的赞同，“建立学院式的同事关系”，以求达成共识，营造成果。追求质量、追求学习型文化和赞同文化，是3I组织的显性特质，这些特质极具革命性，而这正是3I组织的未来属性所在。

第三类是三叶草组织。三叶草是爱尔兰的国花，St. Patrick用它来象征上帝的“三位一体”。汉迪从20世纪80年代末期的视角，以三叶草来比拟三种不同类型的人，一片叶子代表一种人。在当时的组织里有三种不同的人员，“他们的期望不同，适用的管理方法不同，薪酬形式不同，组织方式也不同”。第一片叶子是专业的核心人员，这些专业人员把自己视为企业的合伙人，“希望被请求而不是被要求，希望被当作同事而不是下属”。根据汉迪的观察，由于这一类型的人是核心，很难被取代，因此渐渐变得非常昂贵，也变得越来越核心，同时变得越来越少，于是独立的专业人士和专业的小型机构开始出现，来提供完成这些核心工作的服务，也就是现在非常常见的外包，它们是第二片叶子。而第三片叶子是兼职人员或临时人员，这一类型的人现在也非常常见，茅庐学堂就是类似三叶草的组织模式。

三叶草代表的组织形态，确实是现在很多公司和企业都会看到的，问题是它怎么会是未来组织形态？其实三叶草组织要表达的一个想法是：随着个性化时代及数字化时代的到来，工作中的乐趣和体验将成为越来越多的人的动力来源。因此在这样的社会背景下，三叶草组织形态的未来特征就是，会有很多人或很多小机构选择作为服务大组织的专业的供应商。

汉迪对于未来组织形态的判断，是基于个人发展的自我超越需求的，组织因此是成就个人的。如果汉迪的判断是未来组织的真相，那么不管是传统企业还是互联网创新企业，都将面临组织变革的挑战。因此企业要想在未来成功，在制定和落地战略时就要充分考虑清楚面向未来的组织能力，这实际上是考验组织把握未来的能力。这就是说，让组织跟上战略的变化，首先意味着要准确把握组织未来的变化，而且未来的变化不是凭空画出来的，而是以组织现实和发展能力为基础的。

汉迪在调研一家设计顾问公司时发现，这家公司把办公室设在经过改装的仓库里，对仓库只是进行了简单的改装，没有隔出的办公室，只有到处放着写字白板的会议室；公司也没有专职的秘书，只有项目协调人。

汉迪问这家公司的负责人为什么这样安排，负责人说：“我不想让设计师和顾问花时间待在这里，我宁愿他们在外面跟客户在一起，或者在家里工作，我可以为他们提供任何想要的设备，他们来这里只是开会，使用专业设备，或者就是为了保持联络。我们的厨房供应最好的早餐，而且总有一瓶酒打开放在那里，任何人都可以在下午 6 点后进来坐坐，喝上两杯。实际上，这不是一个办公室，而是一个社交会所”。

这种办公空间的创新设计和变化，在他看来就是未来组织形态的表征，未来一定会在工作面貌上显示出来，在外在显示的背后是扁平化组织、学习型组织和无边界组织等深刻的理念。

4.3 现时代员工需求层次的变化

现在有越来越多的年轻人，在一家企业工作一段时间，挣了足够的钱，然后就开始旅行，等钱花完了再找一份工作，然后再旅行。中国企业员工的平均在岗时间呈逐年下降的趋势，如果从年龄上看，下降的趋势更加明显。

“90 后”的在岗时长为 18 个月，“80 后”为 24 个月，“70 后”为 36 个月。在一家企业工作一辈子，过去是理想，现在可能会被当成笑话，这给现在的很多企业都带来了巨大的挑战[1]。

马斯洛需求层次理论认为，每个人的行为动机都是基于不同层次的需求的，而不同层次的需求有一个由低到高的层级，并且在满足这些需求的迫切程度方面有一个先后顺序，只有当较低的需求（比如最基本的生理需求）得到满足之后，才会产生更高层次的需求（比如自我实现的需求）。因此，只有针对人们的不同层次的需求，采取不同方式的激励措施，才能更好地达成所期望的目标。

从马斯洛需求层次理论来看，“90 后”员工刚刚步入职场，需求还是最基本的生存所必需的需要；同时，由于“90 后”员工成长于中国经济高速

1 此处主要参考：李天月的《基于马斯洛需求层次理论的90后员工激励机制研究》，管理观察，2016年第6期，P68-70。

发展时期，家庭条件普遍不错，生活环境一般比较优越，相对于“70后”和“80后”，他们大学毕业步入职场后，没有太多的生存压力，并不满足于获得一份工资来解决最基本的温饱问题，而是更多追求“自我实现”等精神层面的需要。这给企业人力资源管理者带来了新的管理难题，就是：如何从马斯洛需求层次理论出发，激发“90后”员工的积极性和创造性？如何设定激励机制，才能吸引、用好并留住“90后”的优秀人才？

我们具体来看看在实际中“90后”员工呈现出的需求层次。

“90后”员工被标签化程度很高，比如自由散漫、自尊心极强、爱慕虚荣、脆弱敏感、挑战领导权威、不遵守游戏规则、渴望被认可等。这些标签所反映出的“90后”的个性特质，其实“80后”年轻的时候也被贴过这些标签。只是现在更加普遍了。这些个性特质表现出“90后”员工不会为了一份工资而委屈自己，去做自己不喜欢的工作。

这背后有时代的基因。“90后”成长在中国经济高速发展时期，在这个时期里，中国告别了物质短缺的时代，进入了物质过剩的时代，互联网技术的广泛应用极大地提高了效率。有一种说法，说“90后”的员工是互联网“土著”，他们是互联网亚文化的创造者和捍卫者，对互联网工具的使用十分娴熟，比如信息检索能力极强，而且利用网络学习的能力也很强，对新思维、新事物的接受非常快。这些是时代赋予“90后”的基因，在底层塑造着这一代人的需求。

“90后”的家庭生活环境普遍比较优越，没有衣食之忧，而且大多数“90后”是家庭中的独生子女，自尊心都很强，往往以自我为中心，在他们步入工作岗位之后，生理需求和安全需求已经不是问题了，不急于靠一份工作来解决自己的温饱问题。这些直接导致的就是他们普遍缺乏吃苦耐劳的精神，用另外一种表达就是不再“讲究着过”往往将享受放在第一位，对工资和薪酬的期望值比较高。这是从个性特质来看的。

另一方面，“90后”又表现出在工作中展示自己才华的需求，希望得到认可，并且对归属感、尊重和自我实现等精神层面的需求更为强烈，这也是这一代人更愿意从事自己喜欢的工作的原因——为他们提供实现自我价值、满足其精神愉悦的机会和平台。

“90后”员工的需求比较典型地代表了现时代员工需求层次的变化，更本质的变化是自我意识的全面觉醒，自我觉醒带来的需求一定是多元化的和多层次的，而且随着不同条件的变化也会有不同的呈现。联想到未来组织形态，汉迪的判断在此貌似找到了支持。

4.4 管理者面对的挑战及应对

在社会和组织剧烈变化的时代，技术飞速发展，全球化、信息化及通信技术的革命从底层重构世界图景，各种不可预知、不可控的因素，如金融危机、自然灾害、突发的流行疾病等，都在加重时代的“未知病”。很多人都想找到背后的规律，意图寻求控制，找来找去结果争论不休，共识当然也存在，可能只有两点是肯定的：一是唯一不变的是变化；二是变化太快，情况太复杂。基于这两点我们也可以得出一个判断：以一变应万变的方式，早已不复存在，挑战巨大。

具体到公司内部，外部环境的变化一定会引起内部组织的不稳定，加上专业分工的不同，“被割裂”很可能成为公司内部最让人头痛的事情。所谓的被割裂，就是指部门之间各自为政甚至冲突，或者从客观的层面来看，就是部门之间协同差。这背后很多人会理所当然地认为利益的分配是最根本的，但事实上目标的分立才是最关键的。

在很多公司中每一个部门都有自己的目标，这是整体经营目标分解的结果，理想状态是各部门目标达成后的效果刚好是整体目标达成后的效果。但这肯定是不可能的。因此，是否能够科学分解经营目标关系到最终的结果。事实上，要实现科学分解经营目标，不仅要保证分配的合适，而且还要保证进度的匹配。除从一开始就做好科学的目标分解之外，流程再造是解决这种被割裂状态的有效方式，根本目的是把职能导向转变为客户市场导向。

即便如此，也仍然不能保证一定能够实现公司目标，因为最大的影响还是来自外部环境，尤其是在现今的条件下。

陈春花教授观察到外部环境的五大新特征[1]，这意味着五种变化发展的趋势。在她看来，十年前的组织内要素，如股东、员工、顾客、供应商、同行等，是学习组织管理不能绕开的，而现在这些要素都不是最重要的，最重要的是技术，因为“技术的巨大变化重新定义了所有的行业”。

陈春花教授观察到的五种变化是：不确定性带来的机会、互联网带来的变革、渠道革命、新的进入者和共享经济的兴起。在这五种变化中，渠道革命和共享经济相对隐性，尤其是渠道革命，“每一次渠道的调整都是整个市场格局的重新调整”。

她认为，这一轮的渠道革命表现出三个根本性的变化。第一个变化，用户和客户的区别，“跟你相关不付你钱的就是用户，跟你相关又付你钱的就叫客户”；第二个变化，产品跟数据的区别，“以前顾客跟企业之间的桥梁是产品，今天顾客跟企业之间的桥梁是数据”；第三个变化，由供应链变成了价值链或价值网，即所谓的生态协同，就像阿里巴巴拥有巨大的影响力就在于它把协同理念应用到了极致，不仅是组织内协同、组织间协同，甚至跟全社会、全球都协同。

这五种变化给管理者提出了一个巨大的时代挑战，这个挑战要求管理者重构自己的组织能力，而且“重构组织能力一定要面向未来，不能传承经验”。

这就是说，传统管理失效了[2]。

1 此处主要参考：陈春花的《理解变化，以未来决定现在》，清华管理评论，2017(6): P15-22。

2 此处主要参考：陈春花的《百年管理已从分工走向协同，必须了解的七大原理》，https://mp.weixin.qq.com/s/MnU7K-Q32PH68j383kXIlQ, 2018-5-28。

所谓传统管理是工业化时代的产物，像泰勒的科学管理、马克斯·韦伯的科层组织等设想，意图在相对确定的环境下，通过组织战略设定、组织构建、岗位设计、绩效薪酬设计、奖励惩罚等管理工具，实现专业化分工协作。但在实际操作中，往往容易分工但协作很难。当然，在很多传统行业中，这些管理工具依然非常有效。但对于很多新兴行业，像高科技、高知识含量的，以知识型工作者为主的公司，毫不夸张地说，传统管理模式的每一个环节都有极大的局限性，面临极大的挑战。

传统管理面临的挑战有很多，比如分工就面临着挑战，现在很多工作都是团队合作完成的，但在合作前并没有真正明确岗位和职责，都是在过程中通过不断推进和解决问题逐步形成的。

举个例子。国内某传统企业的研发团队，年初领导把任务布置下去，讲清楚按照工作的努力程度给予奖励。年底的时候，啥也没有做出来，但是团队说他们都很努力，而且发现没有完成的原因是缺少一种新材料。于是第二年年初买进新材料，但是到了年底还是没有做出来，团队说新材料的检测设备需要改进。第三年改进了检测技术之后，终于在年底完成了任务。

原计划一年的研发任务，花了三年才完成，出现这种结果已经不是信息不对称和激励监督机制失灵的问题了。这种按部就班的本位管理，必然导致公司在市场竞争中处于非常不利的位置。因为按照惠普公司的经验，一项新技术如果推迟半年推向市场，其利润空间就会降低50%。所以说按部就班的做法天然就存在贻误战机的风险。

这个实例，实际上是在挑战一种层阶秩序和僵化分工的组织布局。打破这种组织布局，让研发团队自主协同、安排任务和把控节奏，把过程中对重点问题的突破、攻坚的成果作为奖励的依据，这样从目标、过程和结果三个维度上管理，很可能比实例中的做法更有效。

当然，传统管理致力于解决的根本问题并没有因为各种趋势变化而改变，比如如何把人组织在一起，如何把资源组织在一起并合理分配，如何推动组织成员为共同的目标一起努力等，对于这些根本问题，需要通过创新的方式来解决。

现在,在这些根本问题的范围内也出现了很大的变化。比如在一些领域，个人的价值跟组织的价值是对等的，甚至是超越的，因为个人利用互联网信息工具灵活、多样地整合了资源，并且创造了价值，自媒体就是一个典型的例子。而且，互联网尤其是移动互联网带来的传播方式的变化，在逐渐打破企业的边界，比如著名的 LinkedIn 就为很多员工或管理者提供了获取其他公司有价值的信息的非正式渠道。

更重要的是，组织内的个人利用互联网比之前更容易得到资源的支持，这使得公司的边界不能再用“城堡式的结构”来界定,而要用“生态式的环境”来描述，由此导致公司内部资源的组合方式也发生了巨大的变化，由传统的基于标准化想象的线性整合变成了平台化的操作。当然，在实际中不是所有的公司都真正具有平台化效果，但平台化思维已经深入人心。

这里不可能穷尽所有的挑战，因为变化之快超乎想象。除上面提到的新的趋势和组织管理上的变化之外，大数据理念带来的挑战甚至颠覆绝对不容忽视，这一变革性的理念正在方方面面发酵，对于管理者而言，它不只是一种全新的工具，而首先是一种时代性思维。

那么，面对时代的巨变，管理者应该如何应对？

管理者面临的所有挑战，用一句话形容，就是：原有的经验，原有的对产品、商业模式的理解，原有的核心竞争力，现在都不再管用了。面对外部的复杂性、多元化和不可预测等不确定性，企业家和管理者变得焦虑、固守和踟蹰不前。怎么办？

逃避肯定不行。我们需要做的是,首先要识别到底哪些因素是不确定的，在识别之后，要拥抱变化，与不确定性共处，洞察它、熟悉它、理解它、玩转它，而要做到这一点，必然依赖一个公司组织的协同管理。或者换个角度来讲，协同管理将成为未来一个公司组织核心的竞争要素之一，它本质上解决的是效率的问题。

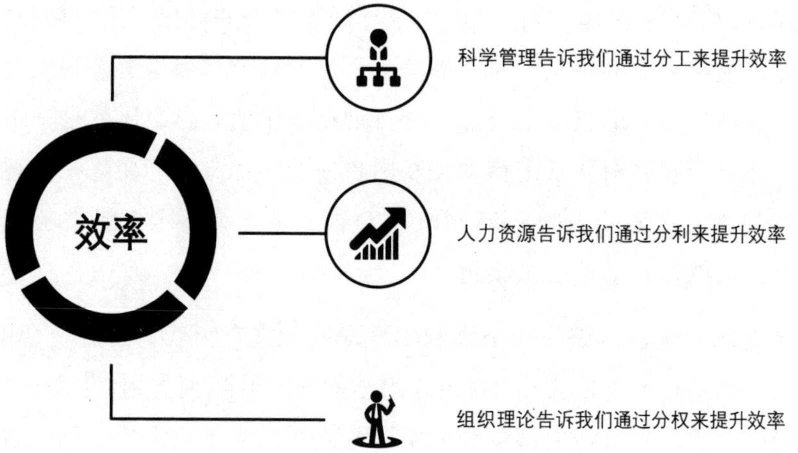

传统管理理论倡导的“效率”解决方案

在传统管理模式下，科学管理告诉我们靠分工来提高效率，组织理论告诉我们通过分权来提高效率，人力资源理论则告诉我们通过分利来提高效率。“三个经典管理理论，解答三个效率：劳动效率、组织效率、人的效率，所谈的都是组织在决定自己的绩效”。今天，协同在大幅度提高效率，注重考核的绩效主义在很多场景中已经极不适宜，组织更看重的是价值创造，边界的突破对文化的挑战非常大，文化的包容性、开放性都要求与创新为伍。但是，所有这些都可以通过协同管理来实现对外部不确定性的把握。

协同管理怎么来实现？高投入的信息化建设是过去的教训，以前很多企业迷恋规模效应，在信息化建设上不遗余力地拼投入，好像投入越多就越先进，完全没有把企业战略和现状、客户服务与信息系统结合起来。因此，要实现组织的协同管理，对于很多传统管理背景下的企业来说，首先要转变这种粗放认知，要知道：信息化工具是支持企业提高效率的，帮助企业实现数据驱动，同时既然是协同管理，那么一定是能够起到减少部门区隔和层级的。

进一步的，有了信息系统的支持，不代表就有了协同的信息通道，因为很多系统彼此是没有打通的，不支持数据的共享和应用的协作。但是利用互联网技术尤其是移动互联网技术，是可以真正将传统的以信息、任务、生产资源为中心的生产服务模式，转变为以客户为中心的价值共享模式的。

从这个角度来看，协同管理一定是企业的基础设施，它要覆盖全域、全端、全员的使用协同，使个体与组织间信息透明化、流程可视化、信息共享化，能够真正把客户和供应商打通。最终，协同管理要从工作协同逐步扩展到业务协同、多系统之间集成协同、供应链协同，直至社会化协同。这样的协同管理能力是“雌雄同体”的有机能力，在组织拥抱变化的时候，能够适应性地将有利的因素吸纳进来，而不是硬碰硬的冲突、破坏。总之，管理者只有建立组织的大协同能力，才能够应对时代巨大的挑战。

4.5 管理者的修炼[1]

著名的《第五项修炼》的作者彼得 · 圣吉，在 20 世纪 90 年代末预测全球竞争必然会带来管理上的一个新趋势。“在全球的竞争风潮之下，人们日益发觉 21 世纪的成功关键，与 19 世纪和 20 世纪的成功关键有很大的不同。在过去，低廉的天然资源是一个国家经济发展的关键，而传统的管理系统也被设计用来开发这些资源。然而，这样的时代正离我们而去，发挥人们的创造力现在已经成为管理努力的重心”。

彼得 · 圣吉在那个时期预感到创新的力量在改变世界的趋向，他提倡重新回归整体观照，这样做就会发现自我意志的崛起。一方面，创造了 20 世纪的科学技术，加深了专业分工和社会分化；另一方面，由于分工和分化的加深，人类思想的割裂更是愈演愈烈。事实上，现代管理体系的每一件事情，不管是好事还是坏事，“都根源于这种分割的思想上，这也无可避免地造成

1 本节引文（用双引号引用的文字）皆出自彼得·圣吉（Peter Senge）著、张成林译的《第五项修炼：学习型组织的艺术与实践》，中信出版社，2009年10月。

竞争”，比如公司里营销部门和制造部门之间的对立、一线管理者与公司首脑阶层之间的严重隔阂，而且公司组织各部门间的竞争更胜于同业间的竞争。

作者与彼得·圣吉的合照

这种分裂是现代公司的乱源，其背后有对于简单因果关系的深信不疑。而在与中国文化进行比较之后，彼得·圣吉发现，中国文化中保留了一些“生命一体”的观点，这种对于整全性的精神召唤，引起彼得·圣吉的关注。他认为这是中国进入世界经济体系的有利因素，但是疑问仍然存在：会不会步西方工业社会的后尘？会不会物质愈丰富愈唯我独尊，傲视于自然秩序之上？会不会牺牲社会来发展经济？会不会变成另外“一个不择手段的剽窃自然、以非永续性及危害后代的方式发展的社会”？

彼得·圣吉的疑问触及根本，针对这些根本性问题，他给出的解决方案就是通过自我超越、改善心智模式、建立共同愿景、团队学习和系统思考五项修炼的功夫来不断改进，因为现代分裂的前提既定，而结局尚未来临。五项修炼在国内现有条件下仍具价值，尤其是重提系统思考的回归，不只是表达抵抗现代性对商业的冲击的意图，而且在实际中对于提升组织的全局意识和宏观认知十分重要。

在《第五项修炼》的最后，彼得•圣吉用一个非常迷人的故事结尾。

1974年夏，史维加特在纽约长岛做了一个《行星的文化》的演讲。史维加特是宇航员，他清晰地意识到自己和他的宇航员同事是人类感官的延伸，“我们从太空看地球，等于替所有的人类看地球”，他从一般人的视角描述在太空“旅居”的整个经历：

“你在上面每一个半钟头环绕地球一圈，就这样一圈又一圈地周而复始。通常你在早上醒来，那时也许你正好在中东、北非的上空。当你吃早餐的时候，你从窗口望出去，看到自己正在通过地中海区域，希腊、罗马、北非、西奈半岛和整个区域在下面经过。你明白自己的一瞥所看见的那些地方，是人类历史的摇篮。一面看着这样的景象，一面回顾着自己所能想象到的所有历史。”

“当你绕过北非，接着经过印度洋，眺望广大印度大陆之后是锡兰、缅甸、东南亚。出了这个地区到了菲律宾上空，掠过浩瀚的太平洋水域，你以前从未体认到它是如此的广大。最后你通过加州海岸，看到你所熟悉的事物：洛杉矶、凤凰城，然后看到休斯敦，那里是太空人的家，你可以清楚地看见圆顶的天体观测室。你对那里有认同感，你感觉自己是那里的一部分。接着越过新奥尔良，然后俯视南方，看到伸出的整个佛罗里达半岛；再飞越大西洋，又回到非洲上空。那种感情是对整体的一体感：最初是对休斯敦的一体感，然后是对洛杉矶、凤凰城、新奥尔良，接下来你将对北非有一体感……在这一个半小时的航行过程中，转变了你原先所认同的；你开始看清你所认同的是整体，这使得你有很大的转变。”

“向下俯视，你无法想见有多少边界与国界是你再三横越的，你甚至看不见这些界线。在小憩之后，你看到了战火频传的中东，由以往得知的信息，你知道各国在自设的国界上互相残杀。但现在你看不见这些，从你所在的位置看，它是一个整体，而且是如此美丽。你希望以双手从争战的两方各接一个人上来……”

史维加特看到的地球是“没有边界的整体”，这种对整体性的完全感观，正是彼得·圣吉青睐有加的“系统思考”所要达到的自明效果。

史维加特继续描述道：“在月球上看地球，地球变得如此微不足道，你甚至可以用拇指遮住这个小点。但这个蓝色的小点，对你而言就是一切。所有人类的历史文明、诗歌音乐、游戏欢乐、生死爱恨、战争迫害都发生在你可以用拇指盖住的这个小点上。

“而你体认出了这一切都是由于观点的改变；你跟从前已有所不同，你的心灵产生了某种新的东西。此时你的摄影机突然发生故障，你必须到太空舱外活动，在那一瞬间你会突然有一种顿悟：你不再置身于室内，而是在太空舱外面，举目四望，那里没有边界、没有框框；那种感觉与由室内透过窗户的框框往外看到的截然不同。”

彼得·圣吉看了史维加特的描述评论道，史维加特以非常少有的方式，从自己“旅居”太空的经历里领悟到了“系统思考的一些原理”——直接体验到地球是一个不可分割的整体。进一步的引申是，大自然“不是由整体中的各个部分所构成的，它是由整体中的整体所构成的。所有边界，包括国界在内，基本上都是人们强行认定的。我们制造了它们，然后，很讽刺地发现自己最后被这些界限困住了”。因此，系统思考所要达到的效果起码是，当某一件新的事情发生时，系统思考者首先应该意识到，这件事情必然与我有关，与所有人有关，因为“我们都属于那个不可分割的整体”。

彼得·圣吉在《第五项修炼》中号召人们回归整体性，这是对古典趣味的一种现代认同，尤其是在公司治理领域显得难能可贵。彼得·圣吉对中国文化的感受是对的，中国文化崇尚综合，只是“生命一体”在中国文化中不是一个观点那么轻易，不管是道家的“道法自然”、儒家的“天人合一”，还是佛家的“破我法二执”，这些生命观透射的都是穿越时空的关于社会图景的想象。

那么在公司治理领域，尤其是在中国公司里，像阿里巴巴的管理就综合内化了儒释道的理念，或许在马云的认知里，这些文化流派的理念对阿里巴巴的管理是有启示和帮助的。而事实上，阿里巴巴的管理已然成为中国本土化公司治理的一个领先案例，其中蕴含着非常多的价值点。从之前的讲述里面，我们已经知道马云对阿里巴巴领导者提出的理想、担当、正能量这三个追求卓越的要求，我们也知道在考核阿里巴巴管理者时，除考核“六脉神剑”之外，还要考核眼光、胸怀和超越伯乐这三条价值观。除了这些，基于阿里巴巴经验和马云的提倡，我们发现敬畏感、懂得感恩、有坚持的勇气、开放的心态、回归自己五个理念，是管理者在修炼时需要反复操练的，这也是马云在阿里内部会议经常强调的心态。

敬畏感

这几年随着大众创业，万众创新的大潮，越来越多的企业和企业家变得浮躁和焦虑，一个有敬畏感的人是不会随波逐流的。一些创业者动不动就谈颠覆，好像不能实现几倍甚至几十倍的增长都不好意思跟人打招呼。曾经有人找到我们，说他们有一种新的模式会干掉淘宝，让推荐一些有阿里背景的人才，如果你连淘宝的运作模式都没有搞清楚，就谈颠覆，这是很危险的事情，颠覆是结果，而不是目标。

虽然社会发展在加速，但还是有一些道的东西要遵循，比如增长极限，这是《第五项修炼》中提到的，也是系统思考的概念，这和我们常说的物极必反是一个道理。比如电商这几年的增长，已经不像过去那几年每年翻一番，而是逐步进入了平稳增长阶段。企业和人一样，也是有生命周期的，会经历初创期、成长期、成熟期、衰退期和死亡期。

我们希望长寿，但生死是必然，对企业也是一样的。尊重规律，保持敬畏，对自己有益。

马云在阿里巴巴内部多次提到敬畏感，是对未来的敬畏，对正义的敬畏，对理想的敬畏，对不可知的敬畏，尤其是对大自然的敬畏，对前辈的尊重，很多优秀的领导者和企业家在这方面做得都很不错。

懂得感恩

2012年年底，阿里巴巴核心高管团队专门去美国进行交流学习，包括去苹果、Google、Facebook、星巴克、微软、雅虎、GE等企业，回来以后给组织部的管理者做了一次分享，马云把企业分成了三类：Great Company、Good Company和Bad Company，对这三类企业也都举例做了阐述。

烂公司有什么样的特征？整个企业透露着一种颓废的味道，员工只想着赚钱，连工程师的脑袋里想的都是这个产品能卖多少量、赚多少钱，而不是在想用户体验和客户价值。烂公司把客户当成傻瓜，而员工则成为赚钱的工具。而好的公司则保持着高节奏的工作状态，既不颓废也不亢奋，通过建立市场的垄断地位，或者提高流程效率保持着不错的营收。大家谈论的话题是产品优化、开发进度等。

伟大的公司有明显的不同，所有人的眼睛是放光的，当你和他们交流时，或者他们之间的交流，谈论的都是为社会创造价值，能给人类带来什么样的影响，当谈论自己企业的产品时充满着自豪和兴奋。可知，伟大的公司懂得感恩，这种感恩体现在对客户、对社会的回馈上。反过来，一家以创造客户价值、社会价值为使命的公司，其员工、管理者一定要懂得感恩。懂得感恩是可以习得的，管理者尤其需要操练这一品质，因为它在本质上是对客户和社会的回馈。

有坚持的勇气

领导者是孤独的，很多时候需要冒险，尤其是面对未来的不确定性，任何选择都会有得有失。曾鸣作为阿里巴巴的总参谋长（类似于其他企业的首席战略官），曾经说过，战略是打出来的，甚至是熬出来的，三分靠看，七分靠干。这是对领导者信心和勇气的考验，所以断事用人既是一种能力，也是一种魄力。

做管理不是搞平衡，而是取舍。

阿里巴巴从诞生到今天，也许连马云自己都没有意料到会发展成这样的规模和具有这样的影响力，所经历的磨难不是一般人所能承受的。就如他曾经说过的名言：今天很残酷，明天更残酷，但后天很美好，绝大多数人都死在了明天晚上，只有真正的英雄才能见到后天的太阳。坚持才能最终胜出。

开放的心态

近期有一本特别热的书《原则》，提到了组织的开放和透明，对于一个领导者而言，能否营造一个开放的组织环境越来越重要。当然，这是对领导者是否有开放的心态的挑战，一个领导者太在意下属的看法就会有问题，不在意下属的看法独断专行也会有问题，不能做到绝对的公平，但可以做到透明。

另外，开放的心态意味着面对真相。因此，管理者要适时讲真话，而且要鼓励讲真话，讲真话的氛围是开放心态的基础。做到这一点很难，很多人在面对不好的真相时都会回避，虽然他们内心希望得知真相，希望实现信息对称，但是直接面对真相，尤其是残酷的真相是需要勇气和心胸的。

著名的《大教堂与集市》据说是黑客文化的奠基作品之一，在这本书里用大教堂和集市两个意象来区别封闭的“建设者”和开放的“建设者”。封闭的“建设者”就像大教堂的建造者，要把设计图做到完美才开始施工；而开放的“建设者”都是嘈杂的大集市里的一员，大家你一句我一句，群策群力，就搭建起了一个服务所有人的集市，正如 Linux 社区的完全开放的开发风格。这对管理者的启示就是对开放心态的修炼，还在于协同管理能力的提升。

回归自己

“己所欲，施于人”，这是彭蕾在内部经常提到的一句话。做管理最好的方式就是以身作则，自己难以做到的，员工也会难以做到；自己难以克服的，员工也会难以克服；自己希望得到的，员工也会希望得到。只是程度的差异而已。

对于管理者，不需要猜测员工怎么想，可以进行调研，用数据说话，更重要的是管理者要真正面对自己的认知、感受、判断，这是需要勇气的。领导者既要接受不同，也要有勇气做自己。

下篇

器：三板斧实战工作坊实操指南

5

三板斧产品的升级与迭代

为了使本书更有逻辑性，我们在第 5 章意图讲清楚三板斧产品升级与迭代的过程。如果读者想直接了解具体的操作方法，可以跳到本书第 6 章进行阅读。

通过上篇介绍我们知道，三板斧的诞生是基于阿里巴巴高速的业务发展所带来的管理挑战的，有阿里巴巴自己独特的内部环境。现在有很多企业想要学习阿里巴巴的管理体系以及管理者培养方式，三板斧就成为重要的引进方法，但这套基于阿里巴巴的管理者特点和实际的业务、管理场景量身打造的三板斧，并不适合所有的企业，因此需要做一些调整和迭代。

阿里巴巴作为一家互联网企业，在管理理念上和传统的企业有很大的不同，管理者很难用职位或权力去强压推动业务，而需要通过个人的领导力，借助沟通、辅导、激励等手段驱动下属拿结果。而沟通、辅导、激励的关键是信息一定要真实，这就要求下属要讲真话，但事实上很多企业没有阿里巴巴开放、透明的文化土壤。因此，其他企业学习阿里巴巴的这套方法，在实践中就需要转换心态和角色。“学员不讲真话”，也是在三板斧实操开始前普遍存在的问题，这就需要加入破冰环节，搭建一个开放对话的场域。

另外，在阿里巴巴用实战工作坊的方式做三板斧，一开始只有针对腿部的场景，腰部、头部还是偏传统的经验分享和案例讨论的方式。于是，结合马云对三层管埋者的领导力九板斧，茅庐学堂教研团队完成了腰部、头部三板斧工作坊的设计，形成了完整的企业干部培养产品体系。

2001 年，阿里巴巴把管理者分为头部、腰部和腿部管理者。2010 年，阿里巴巴对每一层的管理场景都做了进一步梳理，在各个层面都提出了三个最核心的能力要求，但落实到培训课程的只有腿部三板斧，头部和腰部三板斧都停留在能力要求的层面。

通过大量非阿里的企业的实践，茅庐学堂升级了三板斧的框架和操作流程，实现了三板斧这一具有时代变革性的组织管理工具的产品化和市场化。而且不管是头部、腰部还是腿部，三板斧产品都以实战场景为基础，依托三天三夜高强度的场域，通过“闻味道”“照镜子”“揪头发”来提升管理者自我修炼的能力。三板斧产品主要包括以下内容：

头部三板斧	面向企业决策层，提升定战略、造土壤、断事用人的能力
腰部三板斧	面向企业中层管理者，提升理解战略和业务推动、产品和运营思维、梯队建设的能力
腿部三板斧	面向基层一线管理者，提升管理者设定目标、绩效管理、辅导和激励等基础管理技能

5.1 三板斧的产品化

经过多年的发展，当前阿里巴巴对一线管理者的培训基本都实现了内化，由公司的培训团队开发课程（包括沟通、辅导、绩效管理等），选拔公司的中、高层管理者作为讲师。请他们以自己的工作经验结合管理方法论，更有针对性地提升管理者的基础能力，然后通过三板斧进行强化。对于中层管理者，一部分是请外部老师来讲，另一部分是组织大家做案例讨论，培训团队会设计很多定制化的课程体系。对于高层管理者，则很少有方法论的课程，而是围绕眼光、胸怀、超越伯乐的价值观要求来打开视野和格局，培训团队会请一些大咖来做分享，或者带他们（高层管理者）走出去，以参观、交流的方式进行培训；另外就是组织研讨会，就公司的实际战略、组织、文化进行讨论，达成共识。

从 2001 年外部采购培训课程开始，阿里巴巴这种传统的培训方式一直持续到 2006 年年底集团成立。2007 年，阿里 B2B、淘宝、支付宝、中国雅虎、阿里软件等子公司，考虑到发展阶段和业务场景的独特，对管理者的能力要求也有所不同，各子公司分别开发了一些管理培训课程，其中“侠客行”影响比较广泛，开发了内部讲师培养体系，讲师以内部案例为主开展讨论式的培训。到了 2010 年，三板斧正式推出。

这个过程显示出，阿里巴巴领导力培养的两次转变，第一次是从知识灌输型转变为案例讨论型；第二次是从案例讨论型转变为三板斧实战。

三板斧跟传统培训最大的差别在于，它是基于组织成长和行动学习，通过构建具体真实的能量场域来修炼团队，三板斧只抓最基础的关键场景，培养最关键的管理能力，并以实际结果来检验；而传统培训是抽象的、虚拟的，充斥着眼花缭乱的能力模型。

三板斧产品的研发，是在马云提出的关键管理能力的要求下，由当时湖畔学院的三位项目经理张山领、罗晓佳、孙鉴负责设计落实的。最早在支付宝（蚂蚁金服前身）做试点，和支付宝的培训团队一起实施，经过几期的实践效果非常不错，优化后开始陆续推广到阿里巴巴整个集团。

三板斧产品研发的老师都是阿里巴巴组织发展的专家，曾经负责阿里巴巴多个部门的领导力培养项目，对阿里巴巴的业务场景和文化要求有很深的理解。比如张山领（大山）是阿里巴巴比较资深的企业文化专家，也是阿里巴巴“文化布道者”；孙鉴在阿里巴巴的各事业部包括支付宝、天猫等进行了大量的三板斧操作实践。

张山领（大山）离开阿里巴巴后创立了茅庐学堂，致力于提炼和推广阿里巴巴的成功管理实战经验，帮助中小企业提升管理水平，成就企业梦想。孙鉴离开阿里巴巴后曾任挖财组织文化、组织发展负责人，后又重新回归阿里巴巴。罗晓佳一直在阿里巴巴，后来转岗到蚂蚁金服。

三板斧经过大量的实践验证，对企业有三个显著的价值点，这也是企业管理最核心的要素。

干部培养	通过实战检验并提升管理意识
业务推动	通过探讨与推动解决真实问题
文化落地	通过对焦促进文化理解与共识

回头看三板斧的产品化，它的设计思路可以简单地总结为如下几条。

第一，所有的管理者、管理问题，都是存在于业务和组织基础之上的，不存在脱离业务和组织的管理，因此对管理者的培养和对管理问题的解决，都不应该脱离真实的场景。

第二，因为企业生存与发展的需要，各层级干部都本能地关注业务，以业务问题的解决为切入点，这是最好的用户思维。

第三，每个组织或每块业务都有其独特性，组织内部的高层管理者对业务的要求和对干部的要求一定最有发言权，任何一个组织都不可能单纯依靠外部输入的“业务的或管理的工具、方法和技巧”就能发展壮大，一定要内生内长。

第四，成年人的学习和未成年人的学习不一样，成年人必须自己去体验才能有所改变，在这个过程中教练和指导非常重要。

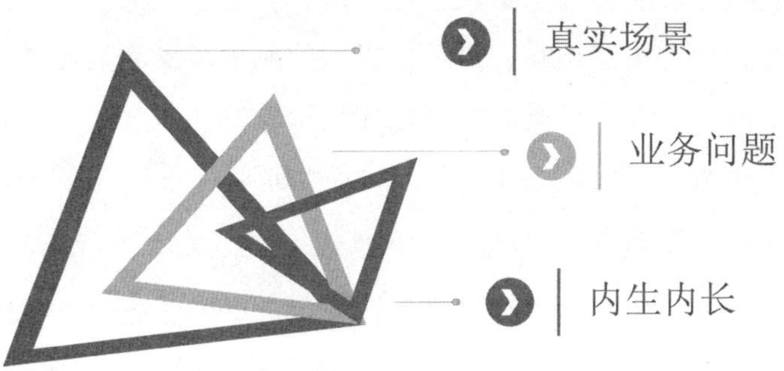

三板斧设计思路

基于以上判断，阿里巴巴把三板斧称为“借事修人，借假修真”。简单来说，就是营造一个场域，让学员组建一个临时的团队，在解决真实的业务问题中，暴露出在业务和管理上的短板，然后通过嘉宾“闻味道”“照镜子”“揪头发”，在相关知识输入中，现场精准地指出管理意识和行为的偏差与局限，现场提升拿到结果的思维方式，优化拿到结果的执行手段。

5.2 三大功效和双向修炼

三板斧作为独特的干部培养方法，能从三个方面帮助组织提升和改善，这也是三板斧产品设计的核心理念。不能仅从传统培训的视角来看三板斧，因为从这个视角无法准确理解三板斧的核心价值，而需要从组织发展（OD）的视角来看。传统培训是站在学习发展（LD）的视角或人才发展（TD）的视角进行的设计，偏重个体的成长与发展；而组织发展（OD）的视角是在个体成长与发展的基础上，通过集体学习和互动影响，提升团体和组织的整体能力的。

三板斧的三大功效

业务—解决真实问题	人才—实战培养干部	组织—全面渗透文化
• 真实的业务问题攻关与立项 • 每天一轮问题的分析与解决 • 每天一轮嘉宾的点评与拍砖 • 最终带着实际成果下课	• 原建制参与或者根据项目组队 • 每天一轮绩效的考评与反馈 • 每天一轮团队的总结与反思 • 最终带着个人成长毕业	• 现场公开考评绩效，植入绩效考核理念 • 高强度的竞争压力，检验认同感和执行 • 高管嘉宾全程参与，传递价值观和文化

三板斧的三大功效

任何一个组织要想良好地运转，都有三个关键要素，企业和机构也是如此，即需要从业务（事）、人才（人）、组织（系统）三个维度来分析和管理，最好能形成协同的发展。而三板斧就是基于这样的视角来展开工作的。在三板斧工作坊中有三条线贯穿始终，具体如下：

第一，业务明线——解决实际问题。

在三板斧工作坊中，各组学员选定一个业务问题，在嘉宾的陪伴与支持下，三天三晚全力以赴。头部三板斧，企业的高层管理者尤其是决策层通过对战略、文化、领导力的探讨，达成充分的共识；腰部三板斧，围绕公司的战略和文化落地、人才发展，展开探讨并产出解决方案；腿部三板斧，根据具体的工作任务进行突破攻坚，通过目标设定、过程激励与辅导，最终拿到阶段成果。每个层面都围绕应该关注的问题进行探讨、突破，并达成共识，对组织有非常明确的实际价值。

这样就很好地解决了传统培训的柯氏四级评估的难题，即衡量一场培训有没有效果，要看学员主观满不满意、记住了什么、此后行为有何改变、带来了哪些绩效的改进。在三板斧这种学习形式中，不能用传统的培训评估方式，学员的主观满意度（压力大、睡眠少，对应的模块打分不会高）也不是最关键的目标或衡量标准。直接在课堂上就催生了学员行为的改变，以及业务的加速，才是这一产品的魅力所在。这是三板斧特有的一种实用主义，也是对“知行合一”的实践诠释。

第二，组织主线——全面渗透文化。

文化共识和文化落地是很多企业面临的难题，企业决策者希望让文化渗透到日常的公司经营中，但苦于没有很好的方法和场景。

而在三板斧工作坊的场景中，管理者作为学员要解决真实的业务问题，上级管理者作为嘉宾，在这个过程中能够看到下属做了什么、怎么做的，能够看到每天的目标设定、绩效沟通、辅导等关键管理动作，包括淘汰了谁和表扬了谁，这样基层管理者（学员）和高层管理者（嘉宾）就能对业务和文化进行充分的探讨，决策者可以把组织的文化理念和对管理者的要求直接传递出来。无论是对符合文化价值观的行为表示赞同和鼓励，还是对不符合的行为进行毫不留情的批判，在现场都会真实呈现出来。

比如，这是在三板斧工作坊中所呈现的一个真实案例：某互联网公司，其核心产品是一个工具 App，为了解决某业务问题，需要客户数据，这个数据可以买到，但是有一定的法律风险。可是行业内很多人都这样做，于是一个小组做出了买数据的决定。嘉宾审慎地考虑，并发动学员充分讨论后，立下规则，不管别人怎么做，自己绝不做越界的事情。这个案例充分说明，通过在三板斧现场对真实业务问题解决方案的探讨，很好地借助这个场景传递了公司的价值观，并直接落实在了业务中。

第三，人才暗线——实战培养干部。

很多优秀的企业都比较强调实战培养干部，比如阿里巴巴和华为的很多理念就非常接近，都强调以客户为中心，以结果为导向，对企业的管理者也会提出相应的要求。

在三板斧工作坊构建的“场”里，各组学员围绕真实的业务展开工作，这是实战。小组是临时成立的，组长并没有真实的职务权力，只能凭经验和具体管理动作带领小组去拿到结果，学员的反应也是真实的，这也是实战。在这个过程中，所有管理的问题都会暴露出来，都会被嘉宾抓住用于挑战组长和每一位学员。平时大家都在忙着做业务，很难有这样的机会深入和彻底地剖析自己的管理问题，在平时的工作中更不可能有嘉宾切中要害的指导。实时总结并且立即投入应用，这样的训练其效果远超一般培训项目。

三板斧的双向修炼

三板斧和传统培训还有一个很重要的差别，就是传统的管理培训依赖外部老师，以通用的方法论的输入为主，不一定适合自己的企业，虽然明白了很多道理，但依然做不好管理；而三板斧是一个实战的场景，除作为学员的管理者在进行学习之外，对于作为嘉宾的管理者也是一个学习的过程，学习如何辅导，如何激励下属，如何塑造团队文化，如何识别优秀人才。因为三板斧是基于“培养下属是上级管理者的重要职责”这一理念展开的，上级管理者不能作为旁观者，而应该作为主导者，自己要以身作则，言传身教，所以三板斧是一个双向修炼的过程。

三天三夜高强度的设计，从体力上说，对学员和嘉宾都是一个挑战。对于学员，在高压力的条件下，快速形成对真实业务问题的反应，形成有效的行动判断，这个修炼非常到位。对于高层管理者，作为嘉宾也要付出非常大的体力，而且整个过程是对其脑力的修炼，也就是要不断迎接来自学员的挑战。

在三板斧场景中，嘉宾有三个关键动作，分别是“闻味道”“照镜子”“揪头发”。嘉宾要站在公司的视角给学员输入，点评分享的过程也是以身作则的过程，其一言一行要代表公司的最高管理水平和管理理念，说出的话就是公司对管理者的要求。要想获得最佳的学习效果，学员和嘉宾都需要全程参与，作为学员的管理者围绕业务展开探索与碰撞，作为嘉宾的管理者陪伴并帮助学员拿到结果，沉淀文化。

学员	修炼	老板
三天三夜不睡觉	体力	三天三夜里，全程盯下来，对自己也是考验
被挑战汗如雨下	脑力	给干部 揪了头发，真的看清了干部弱在哪里
懂了管理是什么		给干部 照了镜子，同步理清了对干部的要求
知道自己缺什么		
懂了老板要什么		
玻璃心碾得粉碎	心力	给团队 炖出味道，真实落地使命愿景价值观
说了真想说的话		
懂得了视人为人		

作为一个严谨的管理培养体系，三板斧的学员自然是各层级的干部，但要有明确的界定和分层，对不同层级的管理者有不同的能力要求。阿里巴巴对各层级干部的关键场景、能力要求清晰易懂，比如“基层跑得快、中层镇得住、高层看得远”这三条，非常接地气，简洁、精练。进一步的，在业务、组织和人才三个方向上也给出了具体的要求。

5.3　三板斧的适用人群

在阿里巴巴原版的三板斧中，一般每天都会安排一堂课程输入，学员层级一旦确认,课程主题也就基本确定下来。课程主题体现了对管理者的要求，与学员的层级直接相关。

第一，管理者的分层培养。

问题：如果想做三板斧，学员是总监，是不是就是腰部管理者？

从茅庐学堂的实践来看，不一定。

首先，阿里巴巴团队规模比较大，而且经过多年的高速发展，其管理者的能力水平要高于全国平均水平。阿里巴巴的头部管理者，即事业部层面的负责人，可以类比很多大中型企业的老板；阿里巴巴的腰部管理者即职能部门的负责人，可以类比很多大中型企业的副总层级，依此类推。

在实践中发现，很多企业的各层级管理者的状态，类似于早期的阿里巴巴——因为业务发展的推动，业务专家或老员工被推到了管理者岗位，基础能力甚至意识都存在明显不足。拿实际的案例进行对照，如果阿里巴巴某个层级的管理者到了你们公司，会处于什么层次，公司这个层次的管理者就可以学习对应阿里层级的三板斧。

鉴于以上因素，茅庐学堂在其他企业实施的时候，如果是中层、或高层三板斧，会增加基本功的修炼，或者“降一级”实施。

最经常遇到的情景是，几百乃至上千人的公司，老板和两个副总做嘉宾，学员是总监和高级经理级别的管理者，直接向老板和这两位副总汇报，层级上看这些学员属于企业的腰部以上甚至接近头部的管理者，但在项目诊断对焦中，经常会发现学员实际的管理能力介于腿部和腰部管理者之间，而且更偏向腿部，现场探讨的话题也一样（这是因为企业的底子比较薄、业务发展速度超过了干部的成长速度造成的，实践中相当普遍），因此在实施三板斧项目的时候，会建议客户公司“降一级”进行腰部三板斧或者腿部三板斧的训练，而不建议进行头部三板斧的培训。

所以在确认头部、腰部、腿部三板斧的时候，更重要的参考因素是学员到底是谁、企业处于什么样的发展阶段、目前管理者的能力处于怎样的水平、要解决或重点提升的点是什么（注意，不是职务级别）。

第二，明确对各层级管理者的要求。

当学员的层级确认后，紧接着就需要对学员提出要求。对于每一层级的管理者，基于公司真实的业务要求，管理者应当做什么、要做好必须会什么、有哪些核心的管理动作，这是开展三板斧的起点，用培训的语言来讲就是能力模型或胜任标准。

问题：课程主题可以跨级别混用吗？可以用自己的课程吗？

如果公司有自己的管理能力模型，则可以基于能力模型或已有的管理课程进行优化；如果没有自己的模型，则可以按照茅庐学堂的课程设置，选择相应的课程内容。要基于公司当下的业务判断，理解标准课程背后的逻辑，以及对管理者的要求。课程可以混用，可以替换，可以用自己的课程，只要能解决问题就好。因此，关键点在于界定问题是什么，而不是选择什么样的课程，不要机械地套用阿里巴巴的逻辑。

阿里巴巴三板斧源于其特定的业务需求和文化理念，体现的是阿里巴巴决策层和 HR 对各层级管理工作的辩证认知，用阿里味道的一套逻辑表达出来，是阿里巴巴自己的一套管理体系和机制。换句话说，阿里巴巴认为各层级管理者要解决的管理问题，是最核心的点。

这是一套被阿里巴巴验证过的建模方法，阿里巴巴也曾经引用过不同咨询机构的能力模型，但在实践证明之下，还是这套方法更接地气、更实用、更有生命力。

任何企业都不是阿里巴巴，所以不建议直接套用这套方法。具体到每个企业应该选择哪些课程主题，以及应当提出哪些对管理者的要求，可以参照阿里巴巴的逻辑，然后基于对自己的业务需求的判断，结合对各层级管理者的职责、角色的思考，建立一套属于自己的能力模型。

在实践中这样操作才是真正最有效的方式，可惜往往耗时太长且很难操作。为了解决这个问题，茅庐学堂在三板斧的大量实践基础上，提炼了一套适合成长型企业管理者的模型。通过与各企业的对比，我们发现只是描述方式和具体表现有所差别，但关注的点基本一致，可以供各企业进行参考。

举例来说。在阿里巴巴原版的腿部三板斧中，Hire&Fire 基于阿里巴巴快速发展的业务背景，需要大量招人，识别人才是一个非常关键的要求。而阿里巴巴又坚持末位淘汰的绩效管理理念，管理者要会开人，掌握辞退谈话的技巧,克服开人的心理障碍。但是对于业务和团队相对稳定的企业来说，一般在招聘方面对管理者的要求没那么高，很多企业也没有对管理者开人的要求。但是在任何企业和商业组织里,拿到结果都是对管理者最基础的要求。大多数企业的管理基础都非常薄弱，最大的挑战是太快地将管理者从业务中提拔上来,导致其管理意识缺乏,甚至有很多“假的”管理者,这才是致命的。

比如在三板斧的一次培训当中，发现有些管理者成了被管理者，一群人在指挥一个管理者完成工作。具有讽刺性的是，这样的场景在很多企业中都普遍存在。

因此，最终将腿部管理者的课程替换为更具普遍性的《目标的设定与沟通》《高绩效团队打造》和《成人 & 成事》，即“定目标、追过程、拿结果”，但保留了每天的绩效评估与排名，并且现场进行公开的绩效沟通。

在面向中层管理者的课程中，发现很多企业不论所处的行业及发展阶段，在人才梯队的搭建、跨部门协同、战略分解和执行、管理的组织视角方面普遍较为薄弱。所以，茅庐学堂针对中层管理者设计开发了《战略理解与分解》《管理者的全局思维》《人才盘点与梯队建设》，让腰部管理者掌握战略分解的方法，做到从战略到目标的转化，能站在更高的视角，基于组织整体的框架思考如何协同、提升效率，并能学会基于业务进行人才盘点，搭建团队的人才梯队和发展通道。

针对企业的决策层，也就是头部管理者，其业务能力可能比较强，但缺少领导魅力，很多任务都是强压下去的，员工自身的意愿其实不强，所以在执行的过程中容易走偏。我们参考了马云对阿里巴巴管理者的能力要求和培养管理者的系统方法，结合业务、人才、组织，开发了《战略三部曲》《文化培育与机制搭建》和《管理的道法术器》课程，让领导者学会基于使命和愿景制定合适的战略，理解什么是企业文化，怎么做到文化落地，而管理的道、法、术、器则是对管理者成长体系的系统建构。

综上所述，管理者分腿部、腰部、头部三层，对应的跑得快、镇得住、看得远是基本的和通用的要求。后面分解到业务、人才、组织三个方向，每个方向的关键点，则可以根据每个企业的实际情况来设定。注意，此处需要再强调三点。

- 绝大多数企业的老板，其心中其实有自己对组织和人才现状的判断，而且往往是正确的。所以在选定学员和选择课程的时候，要尊重老板的看法。
- 公司对某层级学员当下最需要提升的能力点的判断，等同于公司对管理者的能力要求。这一点可以随着企业所处的发展阶段和管理水平的提升而变化，并不是一成不变的。
- 三板斧的核心不是课程，其实每天正式的授课时间不到 1 小时，甚至只有 30 分钟，而是反复练习和实践，在做中学。在实际中学员反馈对自己帮助最大的，或者说三板斧的核心，是在三板斧特有的流程下，在高压竞争环境下，带团队的体验、嘉宾的点评，和对实际业务的操练。

第三，培训学员组织安排。

问题：业务团队的管理者是否适合与职能部门管理者在一个班里学习？

比如，人事、法务、行政、财务、技术、研发，能否和销售、BD、运营等前端职能部门一起参加培训？

结合阿里巴巴及其他企业的三板斧实践，发现在三板斧的课程中，通常大家会讨论业务的话题，而职能团队的基层管理者往往因为对业务不熟悉、不了解，不能很好地参与其中，也很难发挥出作用，所以在现场绩效评估中往往打分偏低，甚至被淘汰。

这是一个真实的案例：一家企业的 HRD 参加了三板斧培训，被随机分配到一个小组当中，因为她平时工作不到位，对业务的了解也不够，在整个过程中不能很好地支持业务，所以在第二天晚上被小组绩效考评淘汰。

因此，从课程的学习效果角度，茅庐学堂给出的建议是，如果公司管理者的规模足够大，希望业务有所突破，前、后台管理者最好在不同的“场”中。如果为了让职能团队更好地理解业务，则可以安排在同一个“场”中，但最好有不同的分组。因为流程的设计要求，各小组之间可以邀请其他小组给予支持，这样还能将跨部门协作的脉络在课堂上展现出来，这是比较合适的安排。

问题：为了更好地解决业务问题，业务团队是否可以以原编制来直接参与？

比如大区经理是否可以带着下面的几个区域经理来参与，并被分到一个组里；产品或设计总监是否可以带着自己的核心骨干来参与，并被分到一个组里，也就是在工作坊小组中是实际团队上下级和同事。

答案是肯定的，但那是基于业务的三板斧，不是提升管理的三板斧。基于业务的三板斧是以解决业务问题为目标，以管理培养为辅的，按照原来的业务架构来分组是比较合适的。业务领导者带着团队的骨干，就是一个真实的、存在上下级关系的小组，讨论的主题就是团队当下要解决的问题，匹配的嘉宾是团队的业务负责人，或者是跨团队有关联的业务专家，帮助探讨和解决业务问题。

基于业务的三板斧的基本流程、规则与提升管理的三板斧是一样的，但一般不安排管理课程。基于业务的三板斧是为了解决业务问题，一切围绕拿到业务结果来展开的。基于业务的三板斧也是非常好的产品，但一般不能解决管理能力的问题，并且在高压之下，如果原来的团队有一些内部问题尚未解决，则可能会有反作用，因此使用时要谨慎一些。

问题：每场三板斧培训可以有多少学员、分几组效果比较好？

在阿里巴巴和其他企业有过不同的尝试，最少的分 2 组，最多的分 6 组，分 3~4 组最佳。这里面有几个因素要考虑，小组太少，不能形成很好的竞争和互动氛围；小组太多，流程会拖得比较长，而且话题不能被充分探讨，大家会没有心思听完其他小组的发言。而 3~4 个小组可以进行充分的讨论和表达，也不至于时间拖得太久。

在小组人数的安排上，7~8 人最佳。小组人数太少，不能有效地检验管理能力，尤其是在绩效评估环节，而且在话题讨论中很难有效解决问题；小组人数太多，对管理者是巨大的挑战，因为现场任务的关系，小组内的工作量没有那么多，会导致出现部分学员的游离。茅庐学堂给出的通用建议是至少分 3 组，分 4 组最好，一共 28~32 人最佳。

因为头部三板斧是针对企业核心经营班子的课程，所以没有人数下限的限制，上限则为 4 组，一共在 40 人以内。头部三板斧适合大型集团与分（子）公司经营负责人，或者 4 家初创企业一起参加。

6

三板斧实战工作坊实施框架

在三板斧工作坊的实际操作中，很关键的环节就是通过公司高层管理者的点评和反馈，让管理者知道自己缺什么，懂得老板要什么。

在真实的公司环境中，真的会有很多“假的”管理者。他们虽然是主管，手下有七、八个人，但是这七、八个人却在指挥着他干活，他每天忙得要命，手下的人在等着他给东西，这当然完全搞反了。这种情况在三板斧现场也出现过，只是管理者变成了专家，手下的这些人事实上并没有真正被管理，所以说他是一个“假的”管理者。

有为数不少的管理者，不是天生就喜欢做管理者，甚至排斥做管理者。很多时候是被迫去做管理工作的，其并不享受做管理的过程。在三板斧的三天三夜里，学员一起想、一起干、一起怼，一起扛、一起体验团队感。经历过这些后，学员会觉得：“我是需要团队的，我享受在团队的过程、乐趣”，这样就会得到非常棒的体验和提升。

当管理当中的问题在三板斧现场暴露出来后，接下来该怎么办呢？借助三板斧的“场”，给管理者“揪头发”“照镜子”，这对于嘉宾是非常大的挑战，他们的点评必须足够犀利；否则，大家走走过场，什么都学不到、留不下。事实上，对应到现实中，嘉宾就是管理者的直接领导，他们对下属的要求越低，团队的战斗力越差，俗话说“兵熊熊一个，将熊熊一窝”“什么样的将军什么样的兵”，讲的就是这个道理。

在三板斧实施的结构中，为了保证工作坊的整体效果，有几个关键的角色。第一个就是学员，作为学习和发展的主体，是整个工作坊的主要人群，同批学员的能力不能相差太大。第二个是嘉宾，需要公司的高层管理者或有相关领域实战经验的老师作为嘉宾，要有足够的时间和精力，在工作坊之前还需要进行辅导。第三个是主持人，需要把握流程和规则，能够通过流程引导学习进度。第四个是小组精灵，每个小组都有一个精灵，在过程当中他更像是一个 HRBP 的角色，去观察和反馈小组的状态，并在规定的范围内参与团队活动。

6.1 常规角色设定

角色一：控场嘉宾

控场嘉宾的主要职责是创造安全、开放、包容、信任的环境，引导嘉宾与学员进行高质量的对话，通过嘉宾的点评和反馈，以及学员之间的相互反馈，促动学员对自己及其管理行为的思考和觉察，最终实现管理意识的提升和管理行为的改变。在课程之外，还要与点评嘉宾进行必要的沟通，对其进行辅导，以增强公司上级管理者的表达能力。控场嘉宾一般是由具有教练或引导技术的专家担任的，通常由第三方来做，或者是企业内的高阶 HR、OD，搭建一个开放的“场”，调试原有的上、下级或平级对话模式，提升沟通效率。

角色二：点评与分享嘉宾

在三板斧工作坊中，针对管理者需要提升和掌握的技能有讲师的输入，每天在嘉宾点评之后都会有 30 分钟左右的课程输入，这些课程是为了帮助学员进行系统化的梳理，有效地进行学习和掌握。讲师一般由在企业内部业务和管理经验都比较丰富的管理者来担任，通常与嘉宾是同一级别，讲师通过自己的经验，用言传身教的方式教导管理者。

具备条件的企业可以在内部挑选优秀的讲师，比如在阿里巴巴内部，通常在访谈时会问学员心中优秀的管理者是谁、最希望向谁学习，然后从名单中筛选出能保证时间投入、具有足够管理经验的人来做讲师。讲师和嘉宾可以是同一个人，也可以是不同的人，合二为一的效果会更好。

如果在企业内部没有具有足够经验的讲师，则可以由培训方来委派。

问题：什么样的人适合做点评嘉宾？

结合管理三板斧的实践，发现效果最好的嘉宾就是企业的决策者。如果企业人数众多，而且业务线分开运作，则至少是跨级管理者，其了解学员的业务场景和管理问题，能做到“闻味道”“照镜子”“揪头发”。针对头部和腰部三板斧，需要请外部更加资深的专业嘉宾。比如定战略，就需要对战略的方法论具有丰富经验的嘉宾给予引导，帮助生成公司的战略。

问题：如果公司没有合适的嘉宾，或者嘉宾的管理经验不足怎么办？

笔者结合阿里巴巴和其他企业的三板斧实践经验，发现嘉宾是非常关键的角色。工作坊需要三位以上点评嘉宾，这样可以帮助学员以更多的视角看问题，学员也能从不同的嘉宾身上学习管理经验。

如果嘉宾的管理经验不足，那么企业的老板可以邀请比较信任的朋友来做点评嘉宾，也可以找培训方安排。这些嘉宾重点帮助关注组织和人才的发展方向，这也是很多企业和管理者最薄弱的环节。当学员提出涉及资源或利益分配的要求，以及公司经营方向甚至文化、价值观的问题时，需要由企业的决策者嘉宾做出决断，这些嘉宾可以基于实践经验给出参考。

角色三：主持人

在三板斧中主持人是一个非常关键的角色，他需要对流程、规则的设置特别清晰，或者说在三板斧的工作中，主持人应该是最清楚流程的角色，需要引导整个节奏朝着既定的方向发展。如果出现异常或突发情况，则需要借助控场嘉宾或点评嘉宾的介入来处理。担任主持人需要遵循三个原则：客观、中立但不要有距离感，关注感受但不要情绪化，坚持原则但不拘泥流程。

在实际操作中，主持人一般由企业内部的HRD、OD、培训负责人或有经验的HRBP来担任，也可以由企业中有经验的管理者来担任。从实际的效果来看，不建议学员的上级主管做主持人，因为不容易做到保持中立。三板斧的主持人需要具备一定的应变能力，以保证现场的可控性。

角色四：政委

在三板斧工作坊中，嘉宾和主持人无法关注到全体学员的状态，尤其是在小组自行推进项目或进行话题探讨的阶段，经常会爆发团队冲突，而嘉宾、主持人又不在现场，无法提供必要的反馈，帮助团队成长。所以设置了小组精灵角色，可以起到观察、反馈、提醒的作用。精灵承担的是 HRBP 的职责，协助嘉宾、组长帮助团队伙伴学习和成长。

设置精灵角色，可以保证参与到工作坊中的每一个学员都能被关注到。精灵承担观察和反馈小组、学员真实状态，对小组做必要的引导，纪律监督等职责，是三板斧项目成功与否的关键保障之一。精灵一般由 HRBP 或公司各部门未来的高潜人才担任，其具体职责如下：

1．观察学员的行为、情绪变化，尤其是发生了哪些冲突、是怎么解决的。

2．观察组长是如何开展管理工作的，有哪些管理动作，要做好记录。

3．将观察到的信息向嘉宾、主持人做中立反馈，以便其有针对性地调整主持和点评策略。

4．必要时，可以对学员提出开放性的问题，从 HRBP 的角度帮助小组顺利开展工作。

5．不可以给学员直接的建议（除非精灵是对应业务的专家）。

6．为小组提供纪律监督和事务性支持。

对小组精灵的要求如下：

用心观察	观察在整个过程中小组成员和组长的状态、行为，尤其是组长的管理动作是否到位，以及产生了哪些影响
细心记录	记录各个环节的管理动作（有场景化描述）、小组成员和组长的互动、大家的投入状态及变化
耐心反馈	及时、准确地向嘉宾和主持人反馈小组的团队互动过程，以行为、表情、感受的描述为主，少做判断

精灵的工作节奏如下：

为了帮助精灵学习觉察、反馈的技能，尤其是保持客观中立的原则立场，对精灵设置了三天的递进规则。

第一天，以观察为主，呈现管理者和团队的状态、行为，少一些互动和干预，通过向嘉宾反馈的方式，帮助嘉宾了解更多的信息。

第二天，观察与反馈相结合，通过提醒的方式，引发管理者的觉察和行动，但不提供直接的建议。

第三天，全心投入，帮助团队拿结果，可以多一些互动，多一些提醒，帮助管理者、队员更积极地参与项目。

角色五：项目经理

项目经理也是三板斧中重要的角色，为项目的需求和最终成果负责。一个好的项目经理必须很清楚组织的文化、对管理者的要求，能和嘉宾、主持人及其他关键角色做好充分的沟通，确保大家理解整个项目的目标并达成共识，在关键时刻还要做必要的调整。对三板斧项目经理的要求，可以参考一般意义上的项目经理的职责与角色，在此不展开说明。

角色六：项目助理

在三板斧实施过程中，会用到很多物料，会为学员安排好衣食住行，为了活跃氛围，还会准备蛋糕、礼物等。有些企业为了保证学习效果，不被干扰，会安排到酒店进行封闭式培训。这些都需要在前期和课程中做好细致的安排。所以说项目助理也是一个非常重要的角色，其支持工作做好了是应该的，做不好会让学员产生不满。项目助理一般由公司的行政人员或培训团队的班主任来担任。

6.2 头部三板斧和腰部三板斧

关于领导力，东、西方都有很多理论，但从来没有一种理论能够涵盖所有。事实上，各企业都有自己的领导力模型。有些机构把领导力分为五个层次，但阿里巴巴从2001年开始一直到现在都分为头部、腰部和腿部三个层次，这三个层次分别对应于军事中的战争、战役和战斗的层面。

头部管理者，通常是企业的决策层，在阿里巴巴主要是指独立事业部的负责人及以上职位，比如阿里云、聚划算、天猫、淘宝的总裁，其角色相当于行业中同级别其他企业的 CEO，他们需要根据市场的变化制定调整战略。头部管理者关注战争层面，思考企业的战略，他们需要定战略、定方向，看清楚未来的产业格局、竞争态势和发展趋势，要深刻理解客户价值，同时还要关注公司的文化，即公司的使命、愿景、价值观。因此，阿里巴巴对头部管理者有三个要求：定战略、造土壤、断事用人。

阿里巴巴在战略上有一个理念：战略是打出来的，不是定出来的。既然战略是打出来的，那么方向就非常关键，为团队指明奋斗的方向，并让团队为之兴奋，是对头部管理者的要求。而在实施战略的过程中，要断事用人。阿里巴巴对管理者有一句话：一个错误的决定也比没有决定好。即便如此，对于什么该做，什么不该做；什么人该用，什么人不该用，头部管理者也必须要有清晰的判断，并能通过建立文化和机制保障传承下来。

腰部管理者，一般是指某个模块的负责人、总监及资深总监级别，其关注的是战役层面。既然上面已经定了要打仗，腰部管理者就要理解战略，要思考怎么分解战略，如何把战略变成可衡量的目标，找准关键战役，制定战术，怎么把战役分解成一个个战斗，如何组织协调资源，承接住战略，把团队搭建好，把节奏控制好，更要把资源配置好，要像导演一样协同资源。所以，腰部管理者要懂战略、做导演、搭班子。

以天猫“双 11”为例。天猫行业类目的运营负责人，或者是产品总监、技术总监，他们都属于腰部管理者。对于阿里巴巴来讲，“双 11”就是一场重要的战役，所以腰部管理者要理解为什么做“双 11”，为“双 11”的成功提前制定策略、协调资源、分解任务、排兵布阵。在“双 11”实施过程中，把分工和规则制定清楚，并现场督战，遇到紧急的问题要快速做出判断，并能推动问题的解决，而不是自己解决问题。就像一场晚会或一部电影的导演一样，提前彩排，无论是前期的剧本准备还是拍摄过程中的现场协调，都需要强大的资源整合能力，并且能对每个环节都提出明确要求，并定期跟进结果。

腿部管理者，一般指直接带领一线员工的主管或经理，关注的是战斗层面，把上级管理者分解下来的目标逐步达成，拿到业务结果，并锻炼队伍，培养人才。在快节奏的互联网行业中，速度非常重要，对一线管理者的要求是跑得快,带着团队快速攻下一个又一个山头。所以对腿部管理者要求做到：Hire&Fire、Team Building、Get Result。阿里巴巴对一线管理者有明确的要求，建议一线管理者不要思考战略问题，因为思考多了会影响执行力的速度；一线管理者不要拿望远镜看地图，否则可能就会乱套。

继续以“双 11”为例，一线管理者可能是天猫某个类目下负责商家的运营小组，他们要确保当天的整个交易顺利进行，保质保量地达成既定的GMV。作为主管或经理，要和团队成员明确总的目标和每个人的目标，在过程中不断辅导和激励大家，在“双 11”结束后要论功请赏，争取权益，并根据成员的业绩和贡献进行奖罚。

比如，提前和所负责的商家做好沟通，为每人分配若干商家，了解“双 11”的准备情况，以及所需要的资源支持，主要是流量支持。根据达成目标所需要的资源来申请流量，目标感强的就多争取一些，不太积极的要做到保底目标的达成。准备完成以后，现场随时保持警惕，确保正常进行。一旦发现异常，或者上级发现问题传达下来，要马上安排相应的人跟进，对于特别紧急重要的情况要亲自跟进；一线管理者很多时候需要身先士卒，带着团队往前冲，做出榜样；而中、高层管理者要学会尽可能往后撤，能驱动团队往前冲。

关于头部、腰部和腿部三板斧，上篇已经做了大量解读，这里意在突出三层划分在整体布局中所处的位置。接下来，我们将更加细致地讲述头部和腰部三板斧的实操逻辑。

头部三板斧

课程设计\日程	第一天	第二天	第三天
业务实战	制定业务战略	制定组织战略	制定人才战略
课程输入	定战略	造土壤	断事用人
团队融合	战略复盘	鱼缸会议	生命年轮

头部三板斧的关键内容

头部三板斧适用的核心场景有三个：一是战略不靠谱；二是组织效率低、不聚心；三是人才跟不上。对于很多企业来讲，战略是否落地是一个非常要命的问题，就像马云经常在阿里巴巴内部所讲的，作为最高统帅他最关心三件事：战略能不能落地、文化能不能得到传承、人才能不能得到保障。

战略靠不靠谱是第一要务。在实际情况中，当你问企业负责人公司最大的问题是什么的时候，很多负责人都会说，最大的问题是团队的执行力不行，不知道怎么落地战略。但是当你跟团队成员沟通的时候，又会发现他们觉得老板定的战略不靠谱，战略本身是有问题的，战略的清晰和共识很关键。

经过大量的企业咨询陪伴，我们发现企业普遍存在的现状，问题还是战略的制定出了问题，战略不聚焦，甚至没有战略，不是战略。对于大多数人来说，不论是普通员工还是企业老板，做加法都是容易的，有很多事情想做，或者可做的事情有很多。但是对于一个企业来讲，真正要做大做强是要懂得聚焦做减法的，能不能把所有团队的精力集中在最有优势、最核心的点上，制定一个清晰和明确的战略，往往决定着这个企业未来能够成长到什么程度、发展到多大规模。

所以说，战略不靠谱的核心其实是战略制定本身。那么，传统的咨询机构会怎样给企业制定战略呢？一般情况下，通过行业数据的对比分析，建议企业选择这样或那样的战略方向和战略方针，而不是培养管理者制定战略的能力。但是随着市场条件的快速变化，尤其是在当下行业跨界竞争加剧的情况下，很多时候企业根本不可能预测到发展路径，所以传统的这种制定战略的方法其实已经过时了。

举一个例子。在2013年之前，谁都没有想到，至少绝大多数人都没有想到，微信会成为支付宝的竞争对手。因为大家都觉得微信只是一个聊天和沟通工具，但提到支付宝大家都知道它是第三方的移动支付工具。当时大家津津乐道运营商被微信革了命，但没有想到微信突然杀入第三方支付领域，跟支付宝成了竞争对手。这种市场变化非常之快，不断地挑战人们的固有思维。事实上，这样的情况将来会越来越多，比如很多医疗机构是万万不会想到阿里巴巴会做大健康事业的，阿里巴巴的底气是可以通过大数据和云计算来颠覆整个医疗行业，就像马云提出和推广的新零售，也是跨界变革。

在这样的条件下，企业制定战略的挑战就会非常大，那么怎么样能够快速有效地制定战略，并且推动整个团队对战略形成共识，是很多企业不得不面临和解决的问题。所以，对于头部管理者来说，如何制定一个好的战略，快速响应环境的变化，并且能够及时调整战略，就是头部三板斧致力于打造的第一个重要的能力和关键的场景。

文化不落地也是很多企业面临的现实问题。比如很多企业都有这样的意愿，即希望团队创新，希望团队有激情，希望团队协同合作。但是如果企业根本没有培育这种土壤，大家怎么会创新，怎么会有激情，怎么会进行团队协同合作呢？所谓的土壤，就是指整个企业有这样的机制和这样的文化，能够让这种创新、激情和团队协同合作生长，就像一棵树长成，肥沃的土壤是能够让树开花结果的，在贫瘠的土地上树是不可能结果的。

再比如，对于任何一个企业来讲，无论什么业务，上、下游的协同合作都是其成功的重要方法。问题是，为什么有的企业就能协同合作，有的企业就老是扯皮无法形成合力呢？根本原因是：整个公司的文化和机制没有和公司真正想要倡导的东西形成一致性，虽然在口头上或心里想要这样，但是在行动上却不这么做，形式和内容是割裂的，即所谓的知行分离，这样公司肯定会存在不协同合作的问题。针对这种情况，头部三板斧中的第二板斧就是造土壤：梳理与使命愿景匹配的文化，搭建与战略相契合的组织体系。

最后，所谓的管理跟不上，其实很多时候是因为对管理者的要求不明确，或者要求太多，对管理者场景没有进行充分的分析，管理者的能力没有得到真正的提升和发展。对于这个问题，大多数老板都会抱怨是下面的管理者不给力，或者觉得大家不是一条心，所以所分配的任务完成不了。其实背后是因为他们就没有一套很好的干部识别体系、干部选拔体系和干部培养机制。

比如，很多老板自己身先士卒，每天忙在一线，这样必然会顾此失彼。作为头部管理者，作为企业的领导者，最重要的工作是把握好方向，定好战略，把握住原则和机制，决定什么该干、什么不该干，确定什么行为可以、什么行为不可以，然后决定团队要什么样的人、不要什么样的人。只有把这些问题思考清楚了，才能从根本上解决管理跟不上的问题，解决干部培养的问题。事实上，这些问题正好对应于头部三板斧典型的适用场景，企业可以通过头部三板斧提升组织管理的系统能力。

那么，头部三板斧的关键环节和实施流程有哪些呢？

第一，要提前做好准备，要跟总裁和CEO进行充分沟通。头部三板斧基本上是针对公司最高管理层来做的，挑战非常大。改变一线的员工、改变刚毕业的大学生相对比较容易，但是要改变一个工作了二十年的老干部，难度可想而知。他们的心智模式相对已经固化，所以必须充分给他们“照镜子”和“揪头发”，才有可能改变他们。改变是往哪个方向去呢？这时候总裁和CEO的对焦就非常关键，因此必须要了解总裁和CEO是怎么看公司当前在业务和团队上的挑战的，必须要非常清楚在战略、文化机制和领导力上，其看法是什么，对整个组织未来的期待是什么，以及对公司高层管理者现状的判断、能力的要求。这是头部三板斧开展的重要前提。

第二，要了解学员是怎么想的。光听领导的是不够的，还要跟学员对焦，了解清楚他们是怎么看组织现状的，对未来的期待是什么，是怎么看自己的能力和需求的，又是怎么看组织现在的问题和理想的状态的，找到学员需求之间的桥梁，同时建立起学员需求与总裁或CEO需求的关联。加上现场的分析判断，进行综合，再来设计具体的头部三板斧流程。

在具体实施头部三板斧时，三天三夜又有哪些关键环节呢？

第一天的重点是定战略。通过大家的共同探讨，把整个公司一到三年的战略梳理出来，并且达成共识。内容包括现有战略的复盘和战略的共创、嘉宾的反馈和点评、跨组的反馈建议。嘉宾的反馈和点评也会输入战略生成一些模型和方法论，比如战略三部曲，即战略思考（MVO）、战略分析（SWOT）和战略落地（SAT）。它们具体是指战略范围（Scope）是什么、行动（Action）计划是什么、整个战略的时间节奏（Time）是什么。这些在第一天就要明确，关键产出是战略共识。

第二天是造土壤。围绕已经达成的战略共识，进一步梳理需要什么样的文化、什么样的机制保障战略落地，也就是组织体系的搭建。会对现有的组织体系进行评估和分析，要实现战略，最核心的文化要素是什么，进而需要建立什么样的机制，包括流程、架构、规则等。在一个组织中通常有三种核心机制是必须要建立和不断优化的，一是权力分配机制，即决策机制；二是利益分配机制，即绩效的考评与奖惩机制；三是信息传递机制，就是大家怎么样进行沟通、沟通什么、什么人参与、怎样的频率等。第二天的造土壤环节，要进行探讨和梳理，嘉宾会就大家的讨论进行输入和点评，包括组织设计和文化建设的方法，如企业组织4大功能，沙因文化层次模型、文化落地四支柱，以及标杆企业的最佳实践等，让大家在设计和搭建组织体系实践中提升认知能力和行动力。

第三天是断事用人。首先要基于第一天、第二天产出的业务战略、组织战略进行回顾，并且基于确认的业务战略、组织战略，探讨并产出公司的人才战略，通过战略级的人才盘点，了解现实的人才状况，整理出未来需要的人才画像，基于人才画像建立企业的人才地图，根据人才地图制定人才发展策略。比如，公司的领军人才和领导者岗位是哪些，现有的人才是否足够？有没有足够的人才梯队？如何吸引行业的大咖？公司的决策团队进行深入复盘和探讨，外部嘉宾人才战略的四步法，以及标杆企业的最佳实践。

在实际操作中，通常会重点对公司现有的干部进行盘点，包括对培养机制、考评机制的复盘，以达成在干部培养体系上的一些共识。在这个过程中，嘉宾会适时地通过点评及课程输入，比如以阿里巴巴或行业龙头等标杆企业作为案例，马云的用人秘诀，以及阿里巴巴良将如潮，人才辈出的实操方法。标杆企业有什么样的用人之道？标杆企业的人才发展体系是怎么样的？在这个基础上，构建整个公司人才战略的一些方法和体系。

经过三天三夜的探讨，在业务战略、组织战略、人才战略上达成共识，同时对公司组织自身也做了反思和复盘，意识觉醒。这样头部三板斧就可以帮助整个公司的高层管理者提升格局、开阔视野，掌握实战方法。

定战略、造土壤、断事用人，这是阿里巴巴对头部管理者的基本要求。在阿里巴巴内部通常以马云、彭蕾、曾鸣等，以及国内比较优秀的企业家的分享为主，然后进行小组讨论。湖畔大学就在做类似的事情；茅庐学堂在阿里巴巴头部三板斧的基础上，结合 OD 和行动学习的一些工具，打磨出一个三天三晚的训练营，既满足了领导者提升能力的需求，也帮助高层管理者在战略、文化、人才上达成更多的共识，帮助企业提升一张图、一颗心、一场仗的凝聚力。

腰部三板斧

课程设计\日程	第一天	第二天	第三天
业务实战	战略目标分解及资源协同	目标实现路径及策略	项目关键岗位人才盘点
课程输入	懂战略	做导演	搭班子
团队融合	团队组建	大冒险	生命年轮

腰部三板斧的核心内容

腰部三板斧，第一个应用场景是战略不落地。当头部管理者定出一个清晰而明确的战略之后，腰部管理者就要进行战略分解，使其落地。对于一个组织来讲，腰部管理者是一个承上启下的群体，他们能不能真正理解战略，转化为绩效目标，并让下面的团队全力以赴去推进落地，是整个公司业务取得成功的关键。

假设企业老板定出战略，但下面的人不说赞同也不说不赞同，到了最后，目标没有达成，结果反说战略定得不靠谱。针对这种情况，就可以通过腰部三板斧对整个公司的中层管理者进行强化训练，提升其管理意识和能力。

腰部三板斧的第二个应用场与头部三板斧一样，也是文化不落地，但是它们的侧重点不同。头部三板斧侧重有没有文化落地的土壤；而腰部三板斧则侧重是否真正理解和认同企业文化，落地到实际的组织协同中。比如现在很多公司都重视企业文化，在公司内部倡导企业文化，作为腰部管理者，要把价值观转化为具体场景下的判断依据和行为标准，把企业文化转化成基层管理者、一线员工的语言和行为。这种转化能力是腰部管理者的重要技能。

第三个应用场景是人才不够用。几乎所有企业都面临三大痛点：人才不够用、管理跟不上和机制不完善。尤其是人才问题，是所有高速发展的企业的一个最大的痛点。优秀的人才一直都是稀缺的，那么怎么样才能更好地培养人才、发现人才，便是腰部管理者必须修炼的管理能力。

这要求腰部管理者要上一个台阶看问题，不能像一线管理者那样只顾着一股劲往前冲，要学会搭梯队，把班子搭起来，通过人才盘点或其他方法，把后备的一线管理者和干部培养起来，通过他们去辅导员工拿到结果。所以，当企业出现人才不够用、文化不落地、战略不落地的情况时，腰部三板斧就是一个非常好的利器，能够帮助企业的管理团队成长。

腰部三板斧的准备事项跟头部三板斧和腿部三板斧基本相同。首先，与公司决策层（头部管理者）的需求对焦。比如对于他们是怎么看当前的业务和团队的挑战的、所期望的理想状态是什么、和现实之间的差距在哪里，以及他们认为学员应该提升的能力是什么等问题，在对焦的过程中都要问清楚，都要有案例。比如对于腰部管理者的执行力问题，因为执行力本身是一个比较宽泛的东西，所以就要让决策者讲清楚是哪个团队的执行力出了问题，还是所有团队的执行力都有问题，通过什么现象说明执行力出现了问题，以及他们对执行力的基本理解是什么，这些都要对焦搞清楚。

其次，对学员的需求也要进行细致的对焦。比如学员对战略、文化、梯队建设和人才培养是怎么理解的，这些都要进行分析，呈现其认知状况。同时对他们的工作环境要进行细节性的了解，还要了解他们对自己的职责要求是否清楚，以及职责规范和公司是否一致。另外，需要了解他们是怎么应对挑战的，以及怎么看未来该做的事情的。根据分析和对焦的结果，对学员的分组和话题进行确认。

第三，提炼他们的关键场景和工作重点。三板斧的场景和实际工作场景要一致，这样才能做到对学习能力的有效迁移。

腰部三板斧第一天的重心是战略转化。学员所在公司的高层管理者会先介绍公司整体战略，基于这一战略，作为中层管理者的学员开展战略目标的分解和呈现，嘉宾对分解和呈现的结果进行点评和反馈，同时会给学员输入一些“如何做战略”的方法。结合嘉宾的输入和反馈，学员进一步探讨并做第二次目标的分解和呈现，最终上下级确认目标。晚上，大家会整体对团建和绩效进行 review，嘉宾会相应输入绩效理念和绩效工具等知识，比如 KPI、OKR、BSC 等。经过第一天的共同探讨和互动，学员做“目标通晒”，同时形成对“关键指标”的共识。

第二天，在第一天确定下来的绩效目标和衡量标准的基础上，学员思考和规划怎么达成目标，以及实现这些目标的产品和运营策略是什么。对于这些问题要分小组进行梳理，并一个个展示，嘉宾进行点评和反馈，然后做调整，最终确定整体的产品和运营思路，以及跨团队协同的方法和资源整合、资源协调的原则。通过这样的实践，提升腰部管理者的经营思维能力。

第三天，做人才盘点，就是对现有的人员进行盘点。在明确了绩效业务目标和产品运营策略的前提下，看谁能干的是什么，不能干的是什么。要分小组做人才盘点，评估该招什么人，分析现有的人员缺什么，以及该培养什么。当场呈现结果，嘉宾进行点评和反馈，让学员意识到人才是最核心的要素，同时帮助大家达成人才发展的共识，最终推动整个人才战略的实施和落地。

6.3 腿部三板斧样本解析

现在已经非常清楚，三板斧和传统培训的重要差别就是实战，而不是理论和演练。传统培训的讲述、讨论、演练等几种形式，大都是基于虚拟的场景进行的，而三板斧则把真实的业务场景带到课程当中，借助工作坊的原则和流程限制条件设计，以及嘉宾的点评和反馈，集体探索问题的解决方案，或者当场解决问题。

在三板斧现场，通常设计两次对目标设定的讨论与呈现、两次绩效评估与呈现、一次成果阶段汇报和一次最终结果展示，这些都是对真实绩效流程的再现。每次呈现，嘉宾都会给出犀利的点评和反馈，学员结合嘉宾的反馈和输入做优化调整，第二次汇报再进行一次检验，边学边做。通过观察和反馈，引导学员管理行为的变化和管理意识的发觉。

在三板斧现场，会给时间推进项目，并对业务和管理上的问题进行充分探讨和对话，加深学员对业务的了解和理解。比如在一个班里，有运营、产品、研发和销售的管理者，大家平时都是站在自己团队利益的角度开展工作的，而在三板斧中原有的组织架构会被打散，形成临时小组，大家从异于专业的立场参与项目，从而加深对协同合作的理解，产生显著的改善。

当然，管理的问题最终都会归结为人的问题。平时在业务中，大家遇到阻力通常都会产生退缩，在三板斧现场，平时隐藏的冲突在开放的环境下将会暴露出来，大家不可能也不再回避问题，而是以一种坦诚的态度进行交流，从而增强了团队凝聚力。比如有一位学员，在参加三板斧学习之前，一直以为公司的决策层不愿意为自己团队的项目投入资源，甚至认为自己的业务不重要，但是在参加三板斧的过程中，经过沟通，才发现公司决策层不仅非常看好自己的业务，也愿意给予资源投入，而且正在酝酿大动作，只是大家在推进阶段和商业运营上没有沟通到位。问题暴露出来后，通过坦诚的交流，互不理解的隔阂得到化解，真正推动了现实业务的发展。

以上是三板斧产品的共性。前面我们大概介绍了头部三板斧和腰部三板斧的基本情况、关键节点及核心要求，这里以腿部三板斧为例，详细展示三板斧产品具体实施的流程。

课程设计\日程	第一天	第二天	第三天
业务实战	制订项目目标及计划	项目过程跟进及团队管理	项目阶段验收、复盘
课程输入	定目标	追过程	拿结果
团队融合	团队组建	大冒险	生命年轮

腿部三板斧的核心内容

阿里巴巴原版的腿部三板斧，是用四天三晚的时间，在严苛的规则和犀利的点评的推动下，学员投入高强度的体能和精力，每天相当于一个季度，四天相当于把一年的业务和绩效周期高度压缩。现场是真实工作场景的投射，两次目标设定（一次设定、一次修改）、两次阶段汇报、两次绩效评估和绩效面谈，并根据绩效考核规则进行末位淘汰。

结合很多企业的实际场景和三板斧的效果达成情况，茅庐学堂基于五项修炼和 U 型理论的原理，将全部流程优化设计为三天三晚。

提前准备事项

做好腿部三板斧，需要前期进行充分的准备，并根据业务所处的阶段和管理者的能力与需要进行精心设计。

问题：要组织好一场腿部三板斧，需要提前准备什么？

对企业决策者的需求进行访谈，一般提前一个月进行；对焦嘉宾对课程的需求，了解课程的目标是什么；对管理者的现状进行判断，了解嘉宾的业务场景和管理能力。

最好提前两周安排好几件事情：第一，确定学员对象，根据学员的特点和业务，筛选合适的管理者，并做好充分的沟通，明确哪些时间必须在场，哪些时间可以自行安排，以避免在关键环节找不到人；第二，筛选并确认合适的点评嘉宾，确保能够全程参与；第三，发出通知邮件，告知安排和注意事项，鉴于管理三板斧与传统培训在内容和形式上的巨大差异，建议不要发培训通知，而是以业务研讨会的名义发出通知；第四，安排好精灵，每个小组一位精灵，提前沟通好他们的职责和角色，以及工作坊中的时间安排，必要时可以进行培训。

在阿里巴巴做三板斧，一般就在公司里，比较方便开展业务工作（每个小组都是拿真实的业务问题来研究和 PK 的，在公司内比较方便打电话、找人、调数据等）。有条件的企业可以把三板斧培训安排到酒店，进行封闭式的训练。从实践来看，这样做效果比较有保证，环境的改善更有利于学员团队的融合，避免不必要的工作干扰。

在项目实施前一周，要安排项目组内部的 Kick off，将项目的整体流程和分工跟项目团队介绍清楚，明确职责和时间要求。同时，解读嘉宾手册、精灵手册、项目手册等，明确嘉宾职责，回答疑问。解读课件，如果是内部讲师还需要安排试讲。最后要梳理物料，确认齐全。

前一晚的关键环节

前一晚的目标是团队融合、澄清议题、明确规则。具体内容包括：学员分组、破冰和团建活动。这是一个非常重要的环节。在阿里巴巴内部实施三板斧有一定的文化基础，大家会很快进入状态；而对于其他很多企业而言，这是一种全新的形式，大家进入学习状态需要有一个适应的过程，提前进行融合和破冰，可以保证第二天团队快速进入学习状态。另外，需要对三天要探讨的话题或推进的项目进行澄清，给大家讲解清楚三板斧的议程和环节设置，明确工作内容，确保大家能快速适应。

问题：怎么分组？每组的主题怎么定？

一般而言，要从客户的实际情况和产出期待出发，考虑如何分组、如何匹配各组的主题。通常建议议题设置为业务问题，而不是管理问题——业务问题，比较方便学员进入状态，结果也好衡量；管理问题，容易引发无谓的争执，结果不好衡量。管理问题的解决，最终也是以业务的成功为标准的，在完成业务项目的过程中提升管理能力，阿里巴巴称之为“借事修人”。

议题的选择和分组可以有三种不同的形式。

第一种，公司规模很大，各层级管理者人数比较多，而且他们已经具备一定的经验和能力，类似于阿里巴巴、滴滴、饿了么。此时每个班的学员一般都具有同一职能，处于同一层级，但彼此不是很熟悉，随机分组是一种比较好的方式，在主持人的引导下，讨论确定一个小组内最关心的议题。

第二种，公司规模不大，管理者能力参差不齐，或者说对具体业务问题的解决比较关注。在这种情况下，可以由嘉宾（公司的决策层）根据学员层级，直接指定若干主题供选择，由 HR 根据各个主题匹配与主题最相关的学员进行分组。

第三种，如果不确定采取哪种方法更合适，就要提前两周发出邮件通知，要求每个学员都提出一个自己最关心的业务问题。最常见的引导用语如下：

- 为了实现季度 / 半年 / 年度的目标，有哪些关键要素？
- 在这些关键要素中，对你构成挑战的是哪个？
- 如果有机会让大家一起讨论和解决，你希望是什么话题？

如此，一般学员会给出自己最关心的话题，汇总后再决定是直接分好组、匹配好主题合适，还是直接随机分组合适，甚至现场根据兴趣分组。

第一天的关键环节

在实施腿部三板斧的第一天，关键环节是定目标、晒绩效。分组之后，各组都有了自己的主题。紧接着，目标是什么、要解决到什么程度、如何分工、KPI 是什么……这些都是小组要讨论产出的成果，并做两次呈现。

结合以往的实践情况来看，第一次呈现，管理者在目标设定上的问题会暴露无遗，耍小聪明的、大言不惭的、无所事事的，都需要被嘉宾犀利指出并给出反馈意见。小组之间也会互相挑战，结合嘉宾的点评，小组进行修改。第二次呈现，也不是都做得很好，一般会有明显改善，或者可以留待后续调整。

问题：一定要做现场公开绩效考评吗？

绩效管理是企业内的重要管理场景，也是检验和培养管理能力的重要环节。所以，在三板斧中会设置现场的绩效评估与反馈环节，帮助管理者觉察和反思。绩效考评最能体现管理者的水平，也最能暴露问题，更是衡量管理者有没有“视人为人”的关键指标。

因此，不但要做绩效考评，还要求组长上台讲清楚原因，主持人会引导小组之间互相提问和反馈。这是三板斧实战工作坊最重要的环节之一，在这个过程中嘉宾会强调学员要互相“照镜子”，不只评价组长的行为和决断，还要看自己平时是怎样做的，有哪些问题。在现场，嘉宾会毫不留情地指出问题，进行觉察和反思。

经过一天的考验，给团队带来不小的冲击，为了加速团队的修复和成长，帮助团队更好地融合，会设置一个团建活动，以加深团队之间的了解。

第二天的关键环节

第二天早上集合，一般会先进行昨日回顾和今日展望，了解大家的状态，然后进行考试，以检验对理论的掌握程度。

问题：考试的题目该如何出？考什么内容比较好？

考试的内容，一般由公司来定。在阿里巴巴最早是从企业文化、业务、管理三个方面来进行考试的，考试既是一种检验，也是一种巩固。管理者应知应会的内容一般包括：公司的使命、愿景、价值观、发展历程等文化内容，以及业务目标、客户画像、业务流程、关键产品、服务等业务内容，还有就是工作坊第一天涉及的内容，如讲师的分享和嘉宾点评的关键点等。

考试的形式一般有两种，一种是使用试卷，这种形式相对比较正式和严肃，但是比较耗费时间和精力；另一种是使用抢答器，这种形式现场氛围比较好，相对轻松。具体可以结合企业的文化和条件来安排。后来，为了节约时间，让大家更多地投入业务实践中，逐渐取消了考试环节。

第二天上午会给各小组 2 ～ 3 个小时的时间自由安排，让小组真实地解决问题，推进项目。为了保证效果，结合经验，建议小组的成员离开会场；否则会变成对方案的头脑风暴，而不是跟项目的利益相关者去对焦需求。在整个项目推进过程中，小组政委进行伴陪，观察记录，并向嘉宾反馈。

午餐之后，各小组分别汇报项目的进展和阶段成果，个别小组可能会结合实际的情况来修改目标甚至替换主题，比如原来的方案经过验证后发现是不可行的。因此，在设计时，在这个环节应允许更换目标，但是需要充分地展示变化的过程和结果。在汇报过程中，嘉宾也会提出各种问题。

最后是绩效考评，并且进行末位淘汰。在阿里巴巴原版的三板斧中设置了“271”排名，这是阿里巴巴真实的绩效考核原则。对于其他公司，一般可采用绩效排名的方式，从最优排到最差（而不用非要按照“271”或“361”的比例），目的是检验管理者的评估标准，以及对学员价值的识别能力。除排名之外，每组还要强制淘汰一个人，组长要说明缘由，并现场做开人沟通。

问题：第二天淘汰学员的标准是什么？

在茅庐学堂的三板斧工作坊实践中发现，绩效排名和淘汰有相关性，但不是绝对的。不是排名最后的就一定要被淘汰，甚至连续两天排名最后的也不一定会被淘汰，这取决于组长的综合判断，取决于小组和管理者的目标和现场的应对。这个环节是对管理者的判断标准的检验，要什么人，不要什么人。嘉宾可以通过这个环节和管理者对焦，并在对焦过程中达成共识，明确公司的价值观和人才观。

问题：招聘（Hire）环节怎么安排？

在阿里巴巴原版的三板斧中，在淘汰环节之后还有招聘环节，被淘汰的学员和其他小组进行双向选择，但有一个规则，就是不能返回原来的小组。这是对阿里巴巴管理者的 Hire 能力的检验，看管理者对人才的态度、积极性如何，如何识别人才，以及选人的标准。嘉宾可以点评并反馈招人的技巧和注意事项。

这个环节不一定适合所有企业，关键是看企业对管理者有没有招人的要求。另外，如果不能完全投入，招聘就会流于形式，不能真正反映管理者识人的能力。最终结果是，部分被淘汰的学员获得了重新入组的机会，也有学员不能入组，这对其冲击会比较大，心里素质低的可能会在培训结束后离职。

问题：三板斧能否作为识别人才的工具？

很多企业希望把三板斧当成人才盘点的工具，我们对此持慎重态度。不建议把三板斧工作坊作为人才识别的场景，因为三板斧的场景和真实的业务场景还是有一定差别的。另外，三天三晚的流程设计对学员的压力极大，对体力是很大的挑战，也不排除个别学员因为分组能力被限制住了，无法发挥自己的优势。所以，不建议把三板斧作为选拔干部的关键参考，至少不能作为判定不合格管理者的唯一参考。

在三板斧工作坊中，的确会有优秀的管理者脱颖而出，尤其是三天三晚依然精力充沛，能够带领团队团结、高效地拿到结果的管理者，往往是优秀的管理人才。但是也不能仅凭一次三板斧培训就决定升迁，一定要结合日常表现进行综合判断。

第三天的关键环节

为流程设计的需要，第三天再做绩效评估，但会根据三天各小组表现的整体结果和累计积分（以嘉宾点评、小组互送为主）评选出优秀团队，在小组中选出优秀个人。前两天的批评是为了激发学员的动力和引导反思，第三天，建议给予学员更多的鼓励和肯定，提供正确的理念和方法。强化正向引导，包括团队感的打造，可以结合企业文化进行特别的设计。

其他实施关键环节

腿部三板斧是一个系统工程，在实施的过程中会遇到各种挑战，因此建议前期做好沟通工作。如果担心或不确定是否能镇得住场，可以让有丰富经验的培训方来协助实施，运用阿里巴巴的学习思路：我说你听，我做你看，你说我听，你做我看。

问题：每天的课程输入安排在什么时间？

前面提到，每天都会有一门课程帮助管理者系统化地学习管理技能，提升管理意识。这也是三板斧工作坊中非常重要的一个环节。课程像是一个缓冲器，将课程输入安排在小组呈现、嘉宾点评之后，可以让学员意识到自己管理的不足，产生学习正确方法的渴望，使学习和吸收的效果最好。

但课程输入的时间和内容不宜过多，每次聚焦在一个关键场景和一个实用的方法论上，一般为一个理念，一套方法，一个案例即可。

6.4 三板斧实施注意事项

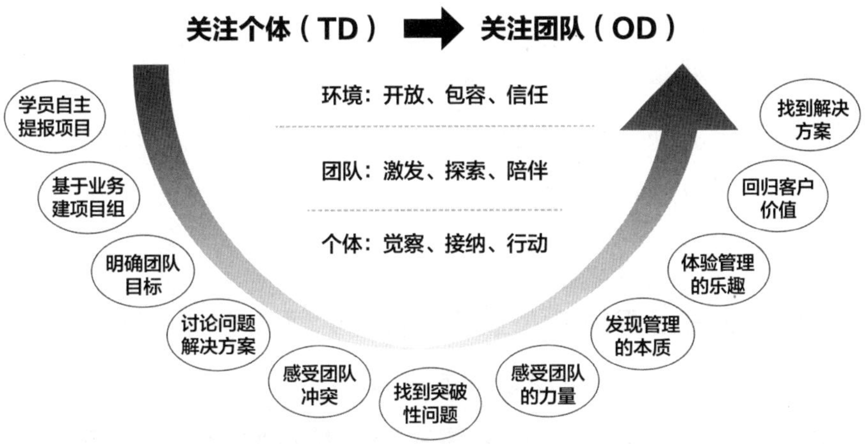

三板斧的团队动力

首先，管理能力的提升是一个长期的过程，三板斧是一个很好的加速方式，但是它并不能一下解决所有问题。三板斧可以是一个转变的开始，学员在三板斧过程中会受到极大的冲击和震撼，茅庐学堂会要求学员在结束前写下自己的改进计划，需要客户的 HR 团队和高层定期、持续跟进。

其次，经历了三板斧一起打仗的小组可能会形成有凝聚力的团队，有些企业希望这样的小组能够保持下去。一般建议以 Future Team 的形式来组织，公司可以给予资源或资金的支持。

最后，三板斧工作坊的安排非常紧凑，从而创造一个高压的环境，会激发出人内心深处的思考和工作动力。茅庐学堂有单独的课后反馈表单，重点关注行为的改变和后续的计划，一般采用 NPS 指数（是否愿意将三板斧推荐给其他人）进行评估。

当然，也有个别学员会给出负面反馈，原因是无法适应高压力的氛围，以及现场淘汰、面谈这样的稍显残酷的设计。事实上，这就是实施三板斧的真实反馈，这样的学员也是公司管理层所期望识别出来的，并不代表其能力不行，而是在文化融入方面需要多加关注。

三板斧注重集体学习，以真实的议题为场景，搭建一个对话和反馈的"场"，最终实现团队成长。三板斧关注个体的觉察与成长，更注重团队的变化；但集体学习总会有人快，有人慢，就像企业的发展一样，有人能跟上，有人跟不上，所以必须要保证主体人群快速成长，形成一个良性的互动关系，并在业务、团队、文化、人才等方面达成共识。

三板斧的背后逻辑是在三天三夜的时间内搭建一个"场"，让作为管理者的学员体验团队发展的五个阶段：形成期、风暴期、规范期、绩效期、结束期，同时观察自己和其他学员的态度与行为，引导觉察和反思，并做出改变。从一个被动的管理者，做出主动选择，成为一个真正的管理者。

茅庐学堂的专家结合成功经验和失败教训，给对三板斧感兴趣，希望参与三板斧培训的学员几个建议，即 4 个"不回避"。

不回避责任	让最应当承担干部培养责任的高层管理者做嘉宾，与学员共同修炼
不回避真相	从真实的业务问题出发，借事修人，借假修真，犀利、到位，不留情面
不回避困难	对每个层级的干部都有明确的要求，简洁、干脆，直指重点，反复淬炼
不回避人情	坚持绩效考评制度，坚持末位淘汰，为过程鼓掌，为结果买单

6.5 实战案例

三板斧工作坊打的名头是“实战”，只了解理论，知道流程，并不能完全感受到这一产品的魅力。事实上，三板斧是非常注重体验的产品，所有魅力都在现场，离开那个“场”，必然是隔靴搔痒。鉴于此，我们选取了三个具有代表性的案例，希望尽可能让读者对三板斧有更深入的理解和感受。

饿了么：典型的三板斧适用者

给饿了么做三板斧的时候，饿了么还没有被阿里巴巴收购，当时作为互联网 O2O 领域的排头兵，饿了么不管是发展速度还是切入市场的点，都跟其他互联网公司不一样。相比之下，饿了么这家公司给人的感觉非常踏实和低调，做事情特别务实不浮夸，常常能找到关键的点。现在来看，和饿了么有一拼的，应该只有美团，而且阿里巴巴已经收购了饿了么，成为第一大股东，正是看中了它在市场中的竞争力。

饿了么为什么做三板斧呢？这几年，饿了么发展迅猛，体量和规模变得越来越大，这种快速发展带来的问题就是：基层管理人员，或者说一线干部，虽然做业务都是一把好手，但是管理能力、带团队的能力却存在各种各样的欠缺。具体体现为，随着管理人数的增加，整个团队的绩效有好有坏，而且这些一线干部几乎都是个人贡献者，而不是团队贡献者的 Leader。针对这一问题，饿了么专门启动了一个“飞鱼计划”，希望能够提升这些人的基础管理能力，完成从个人贡献者向团队贡献者的 Leader 的转化。经过大量培训产品和方案的对比，饿了么最终选择了茅庐学堂的三板斧，觉得该产品最契合自己的这种需求。

茅庐学堂一共为饿了么实施了四场三板斧，其中前三场是“飞鱼计划”的组成部分，重点提升基层管理者的管理意识和能力；第四场是一个独立业务单元的中层管理者腰部三板斧，通过三板斧把该团队的业务目标和战略意图梳理清楚，让团队中的每个人都能找到自己的位置，做到“一张图、一颗心、一场仗”。

四场做下来，整体效果非常好。首先，学员满意度评分远远超过其他普通培训的分值。其次，由于学员来自全国各地，彼此之间甚至连名字都没听过，更别说见面了，经过三天三夜的三板斧培训之后，大家成了知心的朋友，经常进行交流，而不像普通培训，结束后就直接走人了，大家经常会在教室里停留很长时间，互相之间做更多的交流。

在饿了么实施第三场三板斧的时候，遇到了一个非常有戏剧性的场景。当时，每个小组都被要求去解决一个真实的业务问题，小组都是临时组建起来的，每个小组会选出一个临时的组长来带队。按照规则，在做三板斧的三天三晚，第一天晚上要进行绩效考评，并且做强制排名；第二天不仅要进行排名，而且每个小组排好名后，还要当场 Fire 排在最后的学员。

当时，有一个小组的学员被当场 Fire。在大部分情况下，被 Fire 的学员会作为观摩员继续留在现场学习，但是这个被 Fire 的学员提出了强烈的质疑，认为组长没有把绩效考评的规则讲明白，违背了 No Surprise 的规则。换个角度来说，就是这个学员对最终推进业务的指挥棒高度不认同，他认为自己完全能够为小组贡献更大的价值。现场的点评嘉宾也提出了同样的问题，但最后组长没有响应这个学员的反馈，仍旧保持之前的决定请他离开小组。这时候，这个学员说：“如果是这样的话，我选择自己离开，不需要你来送我走，你这个组长和这个小组没有人味儿！”这句话说得非常重。

后来复盘的时候反思，为什么矛盾冲突激烈到这种程度？这说明了什么？事实上这个组长和学员给现场所有人“照了一面很生动的镜子”：在团队管理中，如果目标定得不好，团队成员没有做好沟通，管理动作没有做到位，等到业务结果出来的时候，团队就会遭遇巨大的挑战。通过“照镜子”，每个小组、每个学员都能从中看到自己的问题，提醒管理者在实际管理中应该注意哪些关键点，以及如何避免发生这种情况。实际上，这是非常严重的管理失误。而这也正是三板斧价值的体现，通过现场暴露的问题，给所有学员“照镜子”，帮助大家真正认识到问题，更好地修正自己的管理行为。其实，这不仅仅体现出管理意识的问题，更体现出文化和价值观的问题。我们应当如何带队伍，我们要什么样的人、不要什么样的人，我们要什么样的行为、不要什么样的行为，这正是公司文化和价值观的核心问题。

后来，这个事件反而产生了非常好的效果。在嘉宾的点评和引导下，所有学员都知道了三板斧的这个“场”是一个借假修真的“场”，借助做业务的过程，借助高度紧张的团队管理的过程，让学员把自己行为上的、思维上的惯常定势暴露出来，从而意识到问题所在，也清楚从何改进。在场的学员明白了这一点之后，所有小组都想“聘用”这个被 Fire 的学员，这个学员最后也加入了另一个小组，而且在之后的活动中，他与之前的小组的互动更多了，不仅完成了这个小组的任务，而且还帮助之前的小组推进了任务，两不耽误。

这个结果正是三板斧实战工作坊的目标，催化一个团队的成长，打造出“一群有情有义的人在一起做有价值的事”的团队。

现在，饿了么的核心竞争力是数据平台和商家运营，这一能力能够实现精准匹配，进而引导消费。比如 CBD 街区，饿了么通过大数据运算，可以很精确地计算出在一段时间内什么样的餐饮更加畅销，为商户提供意见和建议。在这样的精准度和超高效率的条件下，基层管理者的管理能力就变得更加重要，尤其是在业务高速发展、人员快速扩张的过程中，对于如何坚守公司价值理念和客户价值，对管理者提出了非常高的要求，对文化和价值观统一的需求更加迫切。

纵观饿了么做的四场三板斧，整个节奏自然而然沿着战略落地、目标分解和关键业务推进的逻辑演进，一线管理者的管理意识和能力得到明显的提升，文化和价值观的落地也得到真正的体现。虽然三板斧不能解决所有的管理技巧问题和难题，但它确实为学员输入了非常实用的工具和方法，能够真正帮助他们落实事情。

对于像饿了么这样快速发展的互联网企业，很多一线干部都是在业务实战里磨炼和成长起来的，虽然会有一些培训和学习的输入，但是到底效果怎么样则完全不知道。而三板斧恰恰通过构建一个“场”，把学习输入的效果借助真实的业务场景呈现出来，借事修人，借假修真，帮助公司认清自己的缺点和局限性，并且找到努力的方向。对于公司来说，实施三板斧的意义和价值非常大。

好未来如何做三板斧

目前好未来是国内最大的教育机构之一，经过十多年的发展，员工人数已达到三万多人。好未来的董事长兼 CEO 张邦鑫之前是湖畔大学的学员，对阿里巴巴的管理和文化都很了解。之前好未来也邀请过关明生（阿里巴巴的第一任 COO）作为其顾问，想通过文化和领导力的培养打造整个组织体系。2017 年 5 月茅庐学堂开始跟好未来合作，从梳理到落地企业文化，其间对如何将文化跟绩效考核相结合，以及价值观共创，花费的时间和精力最多。在这个项目之后，茅庐学堂就成为好未来的长期顾问。

之前好未来也听说过三板斧，但是具体怎么操作并不十分了解。由于基础管理能力的培养是好未来 HR 团队工作的重中之重，他们特别希望系统地学习和掌握一套实用且有效的方法。虽然好未来就是做教育培训的，但是针对自己干部的培养并没有形成能够持续发力的抓手。而三板斧以简单易行、解决实际业务为卖点，于是他们找到了茅庐学堂，希望能够体验一把三板斧培训。

第一场三板斧培训，更多的是一个定制开发的过程。笔者的团队在阿里巴巴和其他公司已经做了很多场三板斧培训，基本的管理要求没有大变化，需要结合好未来自身的实际需求和阿里巴巴三板斧的课程，对管理场景做一些优化，对一些具体的点也需做调整。比如在阿里巴巴，对腿部管理者的要求是 Hire&Fire、Get Result 和 Team Building，这与阿里巴巴的管理环境和条件相适应，但是对于好未来而言，人才的培养和发展更为重要，所以就把 Hire&Fire 这个关键场景和关键能力调整为“育人才”，这样会更有针对性。

当时，选择网校的团队作为试点，网校的中高层管理者作为嘉宾，作为课程分享的讲师，茅庐学堂与人力资源部进行深度合作，对管理场景进行梳理，并共同开发了新的课程。第一场三板斧培训由茅庐学堂主导，反馈特别好，很多学员之前没有参加过实战性课程学习，没有想到培训可以采用这种方式，整个三板斧的设计和框架超出大家的预期。

毕竟好未来是做教育的，其管理者都是一线老师出身，很多人讲课讲得比外面的老师好，因此每个人都有切身的体会，在培训过程中，他们自然而然地表现出非常惊人的学习能力，以及课程复制和开发能力。虽然他们的基本管理能力还是模糊的，比如定目标的能力和绩效评估的能力比较弱，经过培训后，在这两个点其提升很明显，包括作为嘉宾的高层管理者的目标设定能力也有很大的进步。

超强的学习能力和课程开发能力让好未来在市场上立于不败之地。毫不过分地讲，在课程开发和优化能力上好未来比阿里巴巴强，在学习和沉淀能力上也比阿里巴巴强。

经过三天三夜的三板斧培训，他们梳理出十几个关键节点，而且对每一个关键节点都做了精细化分析，形成流程化、标准化的管理方式，这样整个三板斧就可以复制，从而应用在各个团队中。所以，经过三场培训之后，三板斧已经成为好未来培养基层管理者、一线管理者的重要方法论。他们会按照不同的业务板块来推动三板斧干部培养的落实，以业务团队为单元，业务的 Leader 和中高层管理者作为点评嘉宾，基层管理者作为学员，在整个“场”中探讨业务、管理和文化，最终达成共识，推动业务的突破。

好未来的项目做得非常成功，他们把三板斧培训内化为可以在线上学习的系统课程。一些团队把三板斧应用在业务突破、团队融合与共识的对话“场”中，成为周期性项目。与好未来的合作，促进了茅庐学堂三板斧项目的优化和标准化。

华策影视：传统行业实践反思

浙江华策影视的三板斧项目有一定的代表性，也有一定的特殊性。华策影视总裁赵依芳是一个非常有情怀的人，从 1996 年离开电视台创业至今已经 22 年，在整个发展中她完全靠个人的激情和梦想带动着整个团队往前跑。但是当企业发展到一定阶段后，如果领导者不能把个人能力转化为组织能力，不能让所有的干部成长起来有担当，那么就会遇到一些挑战：老板会觉得很累，而下面的员工会出现相互拉扯的状态，不能形成真正的合力。这是很多企业都会面临的一个瓶颈，如果不能突破这个瓶颈，那么企业就很难上一个台阶。

华策影视作为目前国内最大的影视剧制作和发行公司，已经看到整个中国在影视剧、文化上的巨大的市场空间和潜力，期望自己能够成为一家卓越而伟大的公司。这是一个非常宏大的愿景，怎么才能实现呢？华策影视之前跟阿里巴巴有过很多接触，对阿里巴巴的文化和领导力培养机制非常认同，希望能够借鉴阿里巴巴的经验，助力自己实现宏大的愿景。在这样的契机下，通过阿里的同事关系找到了茅庐学堂，开展了华策影视的三板斧项目。

经过多次访谈对焦需求，我们发现在华策影视存在一种情况，这一情况也是整个影视行业的现状，就是：管理者虽然在带团队，但更多的是偏艺术和文化气息，缺少管理意识和管理能力，有的管理者甚至认为没有必要去做管理，他们更相信个人的创意和能力发挥才是推动业务结果的关键。这直接导致：如果一个优秀的制片人离开公司，将会对整个业务产生巨大的负面影响，甚至造成巨大的经济损失。那么如何改变这个现状呢？华策影视希望通过三板斧这种方式，来训练和提升中高层管理者的领导力。

在刚开始的时候，我们心里一直在打问号，因为大量的实战案例说明三板斧这种形式比较适合互联网公司，或者适合以销售和运营驱动的业务模式，通过激发人的能动性，不断地达成共识，推动业务向前，它是一个加速的过程。而像影视公司这样的文化创意型企业，用三板斧来提升组织能效到底适不适合？赵依芳总裁打消了我们的疑虑，她的那种对业务、对使命、对家国的情怀，跟阿里巴巴的使命感非常相像。华策影视正是通过影视剧来丰富人们的生活、传播正能量的思想，给大家带来美好的文化享受的。这种情怀，坚定了我们为华策影视做三板斧项目的信心。

当然，第一次合作还有些不适应，出现了一些小插曲。每次做三板斧我们都会通过访谈跟学员对焦真实的需求，但是在华策影视一开始进展并不顺利，因为他们觉得自己的需求比较明确，所以就没有深入地跟学员进行沟通和对焦需求，这导致在第一场三板斧的执行过程中出现了一点状况。在第一场三板斧的第二天晚上，按照规则要做绩效排名和末位淘汰，这时候现场的学员提出了抗议："我们不做绩效排名，不淘汰人"。

经过进一步沟通，我们了解到，华策影视之前想过要做绩效管理，但是推行不下去，大家仍然按照自己想当然的方式在做事，他们不太认同绩效排名和末位淘汰这种方式，所以在三板斧现场这个问题就暴露出来了。当时在现场花了大量时间，与学员探讨绩效管理的目的，以及到底要不要做绩效排名，做了会怎么样，不做会怎么样，学员之间也就这些基本问题展开激烈的辩论。

最后，发现学员对于绩效管理本身还是认同的，只是不认同“一刀切”和“自上而下”的武断方式。经过这样的探讨之后，整个培训进程后来就变得很顺利了。这个小插曲给我们的提醒是，一旦企业决定做三板斧项目，必须要对焦清楚学员的需求，不仅要了解团队 Leader 的需求，还要了解一线管理者和中层管理者的需求，这样才能保证现场产生很好的效果。

除这个小插曲之外，在华策影视三板斧创新的冒险活动环节，我们发现不少学员对公司的制度和流程不太了解，甚至出现一些违反公司价值观的情况。但是通过现场的探讨和强化，明确了在华策影视什么事是允许的，什么事是不允许的。这在整个三板斧培训当中是非常重要的部分——达成文化共识。

第一场三板斧做完以后，优化和确定了两个影视剧项目，后台团队也给出了具体的方案，尤其是财务团队清晰地展示了项目评估和预算的把控系统，给大家做了现场演示，让人眼前一亮。有了第一场三板斧的经验，第二场三板斧的进展就顺利很多，在第二场三板斧现场立项了四个项目，其中有三个项目当场拍板通过，这在往常是不能想象的，以往在华策影视一个项目拍板通过需要一个月甚至三个月的时间，而在三天三夜的三板斧现场超高效率地实现了。

现在，华策影视打算实施更多的三板斧项目，在不同的节点上推进项目落地，其实这也是三板斧产品在组织中产生良好效果的理想节奏。通过华策影视三板斧的项目我们发现，其实三板斧不仅仅适用于互联网行业，它跟行业本身没有必然的关联性，更多的是看公司自己是不是真心想要改变一些东西，是不是真的有使命和愿景的驱动，是不是真的以人为核心，希望不断地提升和激发人的能动性与自趋力，是不是真正重视管理、重视企业文化。如果答案都是肯定的，那么这样的企业就适合做三板斧，因为三板斧真的能够激活组织，助力成长。

延伸阅读 4 马云前传：平凡人做非凡事

所有的成功都有原因，所有的浩荡都有源头。

讲阿里巴巴，绕不开马云；讲阿里巴巴的管理，更绕不开马云。马云创立的阿里巴巴已经成为世界第二十一大经济综合体，取得了中国商业史上划时代的成功，这让无数人变成了马云的追随者，把马云奉若神明。

事实上，马云并非天生就是一个企业家，也并非天生就是一个管理者，他自己在谈到“力”和“能”的关系的时候，很坦诚地表达过这样的观点：“以前的马云看起来都不像 CEO，干着干着，慢慢会像起来的，重要的是 We believe，wc hclp him。帮他，这个人重要了。假如选定了他，阿里的文化就需要我们来补充他。……我讲战略，就不可能有细节，蔡崇信补上；我有创新，就不会有逻辑，曾教授补上；有逻辑就不可能有创新，我补上；我对淘宝有这个想法，我干不动，老陆跟上来。这叫 Team，大家这么配合，每个人都一样。”

马云知道自己是一个平凡人，他非常清楚是团队一起创造了阿里巴巴的奇迹，但他同时坚定地相信：平凡人完全可以抓住大时代的机遇，平凡人可以做成非凡事。

马云起家、创业的故事，很多读者应该都耳熟能详了，本书笔者的观点是：马云也不是天生的企业家，在管理上也走过很多弯路，本书读者要学习的正是马云和阿里团队不断成长、优化的坚韧精神和丰富经验。

本节后面将从疯狂英语、江湖侠义、永不放弃、坚守五年之约、初涉商海、触网、中国黄页、创建阿里巴巴 8 节内容来讲马云前传。由于篇幅所限，读者可扫描下面的二维码阅读。

如有问题，可打电话给编辑咨询：010-88254045。

后记

第一次写书，才体会到写书真是一件很不容易的事情，能写一本“好书”更不容易。

阿里巴巴本身十分独特，很难用一套体系把它描述清楚，尤其是想把阿里干部培养体系梳理清晰更加困难，因为阿里“拥抱变化”，组织生态和干部体系都不是一成不变的，因此，要从中理出一定的体系逻辑，并非易事。在本书创作过程中，我内心充满了忐忑和不安。因为用一种视角来看阿里，梳理阿里干部培养体系，我担心会误导读者。因此，我通过访谈多位阿里老同事，查阅很多信得过的资料，并且基于自己在阿里工作十多年的经验，才写出现在这本书。当然，我相信书中仍然存在不足，所以希望读者能够带着批判的眼光来阅读本书，尤其是对于那些阅读本书的企业家和管理者，希望本书能够对他们更有帮助。而他们的批评和建议，也是我十分重视和希望充分了解的宝贵信息。我个人的电子邮箱是：zhangshanling@morelook.cn，欢迎交流和反馈。

感谢在创作中给予我帮助的阿里老同事，感谢电子工业出版社的专业支持。特别感谢茅庐学堂合伙人、COO 袁志洁老师，他是“阿里十年陈”，在本书创作过程中他给予我很多帮助和鼓励。同时也特别感谢另一位茅庐学堂合伙人刘剑，如果没有他“执拗”地催促，这本书不知道会拖到什么时候才能完成。因为茅庐学堂现在的业务正处于关键发展期，我的很多时间和精力都被大量的业务所占据，能够在这个阶段把书写出来，非常不容易。另外，这本书能够成形，更要感谢电子工业出版社的张彦红老师，他是本书的策划编辑，也特别感谢本书责任编辑葛娜老师，两位老师对这本书给予了极大的投入和专业的指导，使这本书更加符合图书出版市场的需求。还要感谢电子工业出版社的陈歆懿、马洪涛、秋烨三位老师在本书营销方面给予的建议。感谢张娜春女士慧眼识珠，把本书稿推荐给出版社。

除表达感谢之外，我还有一些想法想和各位读者交流，这些想法源自我在阿里十多年的实践，也源自我离开阿里近三年的切身体会。

我深刻感到，我们正处于一个社会大转型时期，或者说我们正处于一个巨大的时代跨越期，这个转型期或跨越期，就是“中国正从工业时代全面进入信息时代”，而事实上我们的一只脚已经迈入了这个全新的信息时代。毋庸置疑，阿里巴巴是这个新时代的参与者，更是推动者。书中我也写道，这一转型或跨越会持续很长一段时间，会给全社会带来非常深远的影响，会颠覆很多原有的商业模式，因此给各个行业的组织模式都会带来非常大的挑战。

不识庐山真面目，只缘身在此山中。

在阿里的时候，我并没有清楚地觉察到阿里干部培养的方法对自己潜移默化的影响和塑造；从阿里出来后，我和茅庐学堂的小伙伴已经为百余家客户公司操作三板斧项目，其中不乏行业龙头和独角兽。由于三板斧项目会深入切入客户公司的真实业务，因此我对不同行业、不同公司的成长产生了直觉认知，其中有一点是：我深切感受到阿里巴巴远远地走在了这些企业的前面。不是因为我曾是阿里人，而是因为当我从阿里出来之后，我才意识到领先企业的前瞻性，这种前瞻性体现在方方面面，有战略的、市场的、模式的、客户的、组织文化的……在这些方面的前瞻，让阿里巴巴走出了一条连接未来的道路。

因此，我相信阿里巴巴近二十年沉淀下来的干部培养体系方法，尤其是在当前的全球经济形势下，一定能够帮助很多企业渡过难关。

管理学大家德鲁克，对于“卓越成效的管理者”的定义影响了整个大工业时代，在新时代这一定义是否仍然有效，我不确定。但我相信，信息时代的管理者一定具有时代属性的全新品质，而基于自己的实践经验，我非常愿意向更多的企业家和管理者，推荐阿里巴巴对领导者的品质要求（“九阳真经”），即：客户第一、团队合作、拥抱变化、诚信、激情、敬业、眼光、胸怀、超越伯乐。这九个品质要素就像九把金钥匙，拿到这九把金钥匙，便可以打开信息时代的大门。

最后，我想把我最大的感谢献给我的妻子杨柳，献给我的儿子们，也献给我的父亲和母亲，感谢他们一直以来对我的信任、理解和支持，我爱你们！

张山领

茅庐学堂创始人、CEO

2018 年 11 月 5 日

参考文献

阿里巴巴公开出版物

[1] 马云内部讲话——关键时，马云说了什么 . 红旗出版社，2010.12

[2] 马云内部讲话 2. 红旗出版社，2013.8

[3] 互联网时代才刚刚开始 ：马云内部讲话 2.0. 红旗出版社，2015.12

[4] Q&A ：马云与员工内部对话 . 红旗出版社，2013.8

[5] 波特 • 埃里斯曼著 . 张光磊，吕靖纬，崔玉开译 . 阿里传——这是阿里巴巴的世界 . 中信出版社，2015.9

[6] 郑作时 . 阿里巴巴——天下没有难做的生意 . 浙江人民出版社，2007.10

[7] 由曦 . 蚂蚁金服 . 中信出版社，2017.4

组织管理学专著

[8] 彼得 • 德鲁克著 . 齐若兰译 . 管理的实践 . 机械工业出版社，2009.9

[9] 彼得 • 圣吉著 . 张成林译 . 第五项修炼——学习型组织的艺术与实践 . 中信出版社，2009.10

[10] 查尔斯 • 汉迪著 . 方海萍译 . 非理性的时代 . 浙江人民出版社，2012.4

[11] 查尔斯 • 汉迪著 . 周旭华译 . 个人与组织的未来 . 中国人民大学出版社，2006.11

[12] 陈春花 . 激活个体——互联时代的组织管理新范式 . 机械工业出版社，2015.10

[13] 杨国安 . 组织能力的杨三角——企业持续成功的秘诀 . 机械工业出版社，2015.6

[14] 彭剑锋 . 混沌与秩序 2: 变革时代管理新思维 . 中华工商联合出版社，2017.11

期刊文章

[15] 王仕斌 . 陈春花、徐石共话协同管理与不确定性共舞 [J]. 企业管理，2017(9):6-11

[16] 陈春花 . 理解变化以未来决定现在 [J]. 清华管理评论，2017(6)：15-22
[17] 刘佳 . 电子商务激荡十年 [J]. 互联网周刊，2010,22:24-31
[18] 李天月 . 基于马斯洛需求层次理论的 90 后员工激励机制研究 [J]. 管理观察，2016(6):68-70

网络文章

[19] 水木然 . 大润发创始人：我战胜了所有对手，却输给了时代 [OL]. https://mp.weixin.qq.com/s/VYgRvuYWsGKvOzP8clP9YQ
[20] 何承轩 . 马云湖畔大学讲义：创业的六个关键词，以及那些你不用再犯的错误 [OL]. https://mp.weixin.qq.com/s/Y3mKrncWnH5EB0dHGVvhDQ
[21] 陈春花 . 百年管理已从分工走向协同——必须了解的七大原理 [OL]. https://mp.weixin.qq.com/s/MnU7K-Q32PH68j383kXIlQ
[22] 陈冰，王若翰，肖洒 . 新规引发的“淘宝十月围城”事件始末 [OL]. https://news.qq.com/a/20111102/000768.htm
[23] 李云蝶 . 逍遥子张勇的阿里十年 . 财经国家周刊 [J/OL]. http://www.fx361.com/page/2017/0615/1906645.shtml
[24] 陈春花 . 外部环境的五个新特征 [OL]. https://mp.weixin.qq.com/s/sX0Vj9LATFXE2trlFxibNA
[25] 席酉民 . 现代管理面临的三大挑战及应对策略 [OL]. https://mp.weixin.qq.com/s/qbDTorP_r8ZiZORuPTYvTg
[26] 由曦 . 马云曾批“烂到极点”，今估值 700 亿美金，秘密照片首次曝光 [OL]. https://mp.weixin.qq.com/s/Ys1NzaRCnth8LY1tyq_Giw

内部资料

[27] 阿里巴巴集团创始人马云 2014 年 6 月在阿里巴巴管理工作会议上的讲话
[28] 蚂蚁金服原董事长彭蕾 2010 年 12 月在支付宝内部关于九阳真经的主题分享和她在湖畔大学的相关课程内容
[29] 阿里巴巴集团首席人才官、菜鸟网络董事长童文红在湖畔大学的相关课程内容
[30] 阿里味儿 . 内刊